本书的出版受以下项目资助：

教育部人文社会科学研究规划基金项目（16YJAZH001）
广东省哲学社会科学规划项目（GD14XGL50）

中国情境下的
员工组织信任研究

曾贱吉◎著

中国社会科学出版社

图书在版编目（CIP）数据

中国情境下的员工组织信任研究/曾贱吉著.—北京：中国社会科学出版社，2017.8
ISBN 978 – 7 – 5203 – 0836 – 6

Ⅰ.①中… Ⅱ.①曾… Ⅲ.①管理心理学—研究 Ⅳ.①C93 – 051

中国版本图书馆 CIP 数据核字（2017）第 205539 号

出 版 人	赵剑英
责任编辑	刘晓红
责任校对	孙洪波
责任印制	戴 宽

出 版	中国社会科学出版社
社 址	北京鼓楼西大街甲 158 号
邮 编	100720
网 址	http：//www.csspw.cn
发 行 部	010 – 84083685
门 市 部	010 – 84029450
经 销	新华书店及其他书店

印 刷	北京明恒达印务有限公司
装 订	廊坊市广阳区广增装订厂
版 次	2017 年 8 月第 1 版
印 次	2017 年 8 月第 1 次印刷

开 本	710×1000 1/16
印 张	13
插 页	2
字 数	186 千字
定 价	58.00 元

目　录

第一章 绪论

第一节 研究背景

一 现实背景：企业持续发展的需要

改革开放 30 多年来，随着社会主义市场经济体制的不断完善，国民经济和社会发展取得了巨大的成就。根据中华人民共和国国家统计局《2009 年国民经济和社会发展统计公报》，2009 年全国国内生产总值达到 335353 亿元，工业增加值达到 134625 亿元，分别是 2000 年的 375% 和 340%。各类企业不仅数量在增加，而且企业的规模、竞争能力、技术水平等方面都取得了突出的成就。为我国的经济发展、人民生活水平的提高等做出了巨大的贡献。虽然我国企业的发展已经取得了非凡的成就，但是也存在一些不容忽视的问题。如企业用工短视、劳资关系紧张等问题导致员工组织信任，日益成为影响我国企业生存和发展的重大问题。

2010 年春节过后，"用工荒"成为社会关注的焦点。根据《南方都市报》2010 年 3 月 1 日《别慌！——珠三角 2010 年用工报告》，春节后，广东普遍遭遇"用工荒"：广州缺 15 万人、深圳缺 20 万人、东莞缺 20 万人，广东缺工约 90 万人，70% 是普工。据《南方都市报》对企业的调查，"是否存在招工难的问题？"48.0% 的企业认为存在招工难的问题，技术（销售）人员难招；51.3% 的企业认为招工难是普通员工流失率较高造成的。据《南方都市报》对求职者的调查，"今年珠三角很多企业招工难，你觉得是为什么?"50.8%的求职者认为企业不遵守《劳动法》、工资低、加班多。而且在调查中发现企业一般不会同员工签订长期合同，如果企业订单减少，肯定将大量裁员。① 以上调查结果揭示了我国企业内部存在严重的信任危机，那种把企业员工当劳工，招之即来，挥之即去的时代已经成为过去。

从 2010 年 1 月 23 日到 4 月 6 日，世界 500 强企业富士康科技集团位于深圳的厂区连续发生 6 起坠楼事件，其中死亡 4 人，重伤 2 人。虽然事后据公安机关的调查，5 起事件是由个人或家庭原因引起的，只有 1 起原因待查。深圳市人力资源和社会保障局的调查也显示"未发现 6 起坠楼事件与企业用工管理方面存在必然联系"。尽管如此，正如深圳市总工会负责人在新闻发布会上所说的，"事情的连续发生，暴露了富士康在管理制度、管理理念、管理方式方面存在的漏洞和不足"。② 坠楼事件尚未平息，4 月 17 日富士康科技集团下属子公司群创光电 2008 年"新干班"又因为离职合约中的"违约金"闹出纠纷。据《中国经营报》记者调查，群创光电 2008 届"新干班"的离职率达到 30%。离职原因主要有公司招聘时的承诺未兑现、没有发展空间、未来发展方向不明确和个人意愿等。③ 就企业组织效益而言，不可否认富士康是一家优秀的企业，企业在要求员工对组织履行承诺、忠诚以及提供满意的绩效的同时，也不应忽视员工的需要及企业自身的责任。一系列事件的发生，暴露了富士康在管理制度等方面存在的问题，特别是员工对组织信任的缺乏值得深思。

2005 年，中国人力资源开发网以 4000 多名在职人员为调查对象，进行了"中国企业内部信任危机指数调查"。如图 1 - 1 所示，

① 《别慌!——珠三角 2010 年用工报告》，《南方都市报》2010 年 3 月 1 日。
② 《"六连跳"给了富士康们怎样的启示?》，《中华工商时报》2010 年 4 月 23 日。
③ 《富士康"新干班"集体请辞幕后》，《中国经营报》2010 年 4 月 26 日。

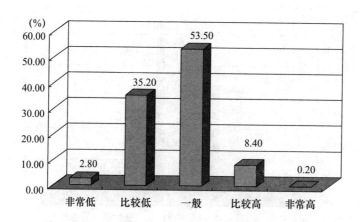

图1-1　被调查者对企业的整体信任程度

在被调查者对企业的整体信任程度方面，8.40%的被调查者对企业的整体信任程度比较高；53.50%的被调查者对企业的整体信任程度一般；35.20%的被调查者对企业整体信任程度比较低。这表明我国企业内部的组织整体信任问题非常严重。如图1-2所示，在被调查者对高层领导的信任程度方面，10.6%的被调查者对高层领导的信任程度比较高；50%的被调查者对高层领导的信任程度一般；35%的被调查者对高层领导的信任程度比较低。这表明大多数被调查者对他们的高层领导并不认可。如图1-3所示，在被调查者对组织制度和政策的信任程度方面，9.90%的被调查者对组织制度和政策的信任程度比较高；38%的被调查者对组织制度和政策的信任程度一般；40.50%的被调查者对组织制度和政策的信任程度比较低。这说明被调查者对组织制度和政策的认可度并不高。总而言之，这次调查揭示了我国企业内部的组织信任程度偏低，甚至已经存在严重的"信任危机"。

由此可知，我国企业已经面临着非常严重的"组织信任危机"，其在短期表现为员工流失、工作积极性下降，长期来看必将影响企业竞争力，制约企业的生存和发展。张维迎（2006）认为在企业内部，如果企业的老板对员工缺乏信任，这个企业就很难做大。因为

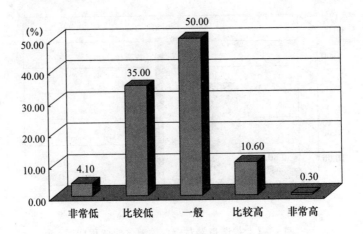

图 1-2 被调查者对高层领导的信任程度

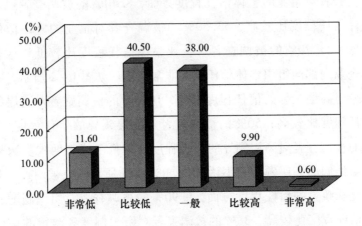

图 1-3 被调查者对组织制度和政策的信任程度

老板对员工缺乏信任，就不会把企业权利委托给员工行使；而如果老板不把权利委托给员工行使，老板一个人可做的事又非常有限，因此老板只能做一个非常小的企业。同样，如果员工对企业缺乏信任，就可能离开这个企业，该企业也很难做大。"如果我们不讲信任，我们将灭亡"（Thomas，1994）。Sprenger（2004）提出信任之所以重要，是因为它与经济生活的协调、互动、合作、商谈、领导、经济效率、革新、信赖和义务等诸多方面紧密相连。它是企业除"权力"和"金钱"之外的三大主导因素之一。Sally 等（1999）把信任比喻成呼吸的空气，认为信任对企业所起的作用具有渗透性和必要性，人们平时可能都没有注意到，只有当人们被欺骗时才注意相信多少。

在经济全球化和市场竞争日趋激烈的今天，组织的结构日益扁平化，组织成员日益以团队合作的形式开展工作，以信任为基础的组织内部关系正在变得越来越重要。因为信任除了可增加相互间的合作（Lewichi & Bunker, 1996），使合作过程更有效率外，也会因为个体相信对方的善意而降低交易成本（Rousseau, Sitkin Burt & Camerer, 1998）。Kee 和 Knox（1970）的研究指出，信任除了导致合作外，还能够促进彼此间坦诚的沟通和得到被信任者的社会支持。Malhotra 和 Murnighan（2003）也认为，信任是任何一个组织内部进行有效沟通的最根本因素，是组织持续发展的基本原则。Zand（1972）的研究发现，彼此信任的人会提供相关、正确、即时的信息，能够提高解决问题的能力，从而影响组织绩效（王婷玉，2003）。因此，信任作为一种社会资本，是组织内部团队合作必不可少的前提；是减少组织内部摩擦的"润滑剂"；是提高企业凝聚力的"黏合剂"，其有助于从根本上提高组织的绩效和凝聚力；是组织取得竞争优势的一个基本要素。因此，对员工组织信任的研究有利于企业了解影响员工组织信任的关键因素，有利于了解员工组织信任的中介效应及其作用，从而促进企业员工组织信任的建设，提高我国企业员工队伍的稳定性，充分发挥人力资本的作用，对提升企业核心竞争力具有重要意义，最终促进我国企业和社会经济的持续发展。

二　理论背景：员工组织信任研究的缺失

1950 年以来，信任日益成为心理学、社会学、组织行为学、经济学等社会科学研究的主题（Rousseau, Sitkin, Burt & Camerer,

1998；Gambetta，1998；Kramer & Tyler，1996）。近年来对信任的研究，集中在对组织中信任的研究（Hosmer，1995；Jones & George，1998）。Mayer 等（1995）、McAllister（1995）认为，信任在团队合作、领导、目标确定和绩效评估等组织活动过程中至关重要，因为信任对于个人和组织能够产生许多积极的结果。

组织信任具有多面性（McCauley & Kuhnert，1992）。著名社会学家 Luhmann（1979）将信任分为人际信任和系统信任。人际信任被认为是人际间交换所产生的信任关系；而系统信任则是个体对社会环境中所接触的各种社会组织的信任。系统信任和人际信任的区别就在于系统信任的对象与个人特质无关，但却与组织的运作机制有关，并假定交换关系的各方都会遵守特定的规范。Nyhan（1999）根据 Luhmann（1979）对信任的分类，把组织信任分为人际信任和系统信任，认为人际信任是员工人际互动后对彼此的认识和了解；系统信任则是员工对组织的一种整体性的信任感知，它基于员工对组织管理层的决策和行动以及组织治理机制。祁顺生、贺宏卿（2006）也把组织内信任分为人际信任和系统信任。人际信任是员工与主管、同事之间的信任关系，因此人际信任又可以划分为纵向人际信任（主管和员工之间）和横向人际信任（员工之间）；系统信任是组织中的非人际信任，即员工对组织整体的信任，也就是组织信任。McAllister（1995）认为人际信任包括认知性信任和情感性信任，认知性信任是信任者根据被信任者的技术、人际知识和专业知识，来判断是否信赖被信任者；情感性信任则是指信任者抛弃自利动机，对被信任者做出不求回报的表示。Jeffries和 Reed（2000）认为组织信任本质上只有认知性信任。Blomqvist和 Stahle（2000）、Creed 和 Miles（1996）、Mollering 等（2004）认为人际信任和组织信任相关，但是不同。Zaheer 等（1998a，1998b）发现人际信任的重要性不及组织信任。Jeffries 和 Reed（2000）提出许多管理研究都认同组织信任与绩效的关系，而人际信任与绩效的关系不确定。

目前学术界对信任的相关研究聚焦于人际信任、社会信任与组织之间的信任层次上，研究企业内部信任的很少，而对员工—企业之间纵向信任的研究就更少（蔡翔，2007）。在研究组织内信任中，以前多以主管信任为对象，而且一般将主管信任等同于组织信任，因此往往忽视了信任的其他构面（林证琴，2004；郭维哲和方聪方，2005）；祁顺生和贺宏卿（2006）也认为主管信任是组织内信任理论和实证研究中最丰富的部分，在实证研究中，他们认为研究对象一般是组织中的成员，而且认为领导下属理论是组织行为学中的热点问题。笔者查到的英文文献也基本上是研究主管信任的。例如：Hovland 等（1953），Argyis（1964），Roberts 和 O'Reilly（1974），Butler（1991），Konovsky 和 Pugh（1994），Mayer 等（1995），Podsakoff、Mackenzie 和 Bommer（1996），Pillai、Schriesheim 和 Williams（1999），Dirks（2000），Aryee 等（2002），等等。因此，学者们对主管信任的影响因素、主管信任的影响作用进行了深入的研究，取得了许多重要的研究成果，对西方的企业管理也起到了极大的促进作用。

近年来有个别学者开始关注组织信任。Tan 和 Tan（2000）、Ngo 和 Wong（2003）、Hopkins 和 Weathington（2006）等开展了员工对组织整体信任的研究。但是相对主管信任等人际信任变量来说，学术界对组织信任这一变量的研究还处于起步阶段。

通过对组织内信任研究背景的分析，我们可以得出以下两点结论：第一，在对组织内信任的研究中，学者们偏重于对主管信任这一人际信任变量的研究，只有极少数学者关注组织信任这一变量。第二，即使有极少数学者关注了组织信任的研究，也只是研究了组织信任与单个变量之间的关系。目前，学术界对组织信任的影响因素、组织信任的中介效应、组织信任的作用等方面的研究还处于起步阶段，有待进一步深入研讨。

第二节 问题的提出与研究意义

一 问题的提出

从现实背景来看，我国企业存在着非常严重的"组织信任危机"。由于许多企业认为我国是人口大国，人力资源非常丰富，企业不愁招不到员工，因此，企业把员工看作纯粹的劳动工具。但是，这种情况也许很快就会发生改变。随着我国经济的发展，地区经济的平衡，人们生活水平的不断提高，特别是"90后"独生子女成为职场的主力军，劳动者对工作环境、工作氛围的要求越来越高，劳资关系的天平日益向劳动者倾斜。近年来出现的企业招工难、员工离职率高、劳资矛盾等就是具体表现。尽管目前这种信任危机对各企业的影响还不是很大，但是从长期来看必将对企业的生存发展产生严重的影响。因此，企业必须了解影响员工组织信任的关键因素，才能找到提高员工组织信任的钥匙，才能做到胡锦涛总书记于2010年4月27日在全国劳动模范和先进工作者表彰大会上的发言——"要切实发展和谐劳动关系，建立健全劳动关系协调机制"。因此，对企业员工组织信任的研究就显得非常重要。

从理论背景来看，长期以来学者们对组织内信任的关注主要表现在对主管信任的研究上，很少关注组织信任（系统信任）。但是组织信任对企业来说非常重要，因此研究组织信任在理论上就具有非常重要的意义。组织信任的影响因素、组织信任在组织行为中的效应、组织信任的影响作用，都非常具有研究价值。目前虽然有极少数学者开始关注这些话题，但学者们仅仅关注了单个变量之间的关系。本研究在前人研究的基础上，主要探讨企业员工组织信任的影响因素（前因）以及影响因素对企业员工组织信任的影响机制、企业员工组织信任对工作态度变量的影响机制、企业员工组织信任在前因与结果变量之间的中介效应等，从而系统地研究企业员工组织信任。具体研究内容如下：

研究一：企业员工组织信任的主要影响因素

研究目的：探讨影响企业员工组织信任的主要因素是整个研究的首要问题。在国内外对组织信任的影响因素的研究中，学者们侧重研究人际信任的影响因素，缺乏对组织信任影响因素的探讨。因此，本研究欲对组织信任的主要影响因素进行研究。

研究方法：主要采用问卷调查、回归分析的方法。

研究介绍：在文献研究和访谈研究的基础上确定本研究的假设和建立本研究的概念模型。选择合适的测量工具，并对测量工具进行前测，根据测量结果修改问卷，用修改后的问卷对研究对象进行测量。对获得的数据进行信度和效度分析，在此基础上对模型进行检验，找到影响企业员工组织信任直接而显著的因素。

研究二：变革型领导对企业员工组织信任的影响机制。

研究目的：本研究在研究一的基础上，进一步探讨变革型领导对企业员工组织信任影响的作用机制。变革型领导、组织公平、组织政治知觉是企业员工组织信任的直接而显著的影响因素，但是变革型领导、组织公平、组织政治知觉和组织信任内在的影响机制尚不清楚，因此非常有必要探讨它们之间的相互关系。

研究方法：主要采用问卷调查和结构方程模型。

研究介绍：本研究主要针对两方面进行探讨：其一，变革型领导、组织公平、组织政治知觉对企业员工组织信任的影响作用；其二，组织公平、组织政治知觉在变革型领导影响企业员工组织信任中所起的中介作用。以此探讨影响因素对企业员工组织信任影响的作用机制。本部分内容在文献研究的基础上建立理论模型，并通过问卷调查收集数据，对模型进行验证。

研究三：企业员工组织信任的中介效应。

研究目的：本研究侧重探讨企业员工组织信任在前因变量与其结果变量之间的中介效应。组织公平、变革型领导、组织政治知觉对企业员工组织信任具有显著的影响作用；而组织公平、变革型领导、组织政治知觉和企业员工组织信任对工作满意度和离职倾向都有影响作用。因此，非常有必要探讨企业员工组织信任的中介作用。

研究方法：主要采用问卷调查和结构方程模型。

研究介绍：本研究的内容包括两方面：一是探讨组织公平、变革型领导、组织政治知觉和企业员工组织信任对工作满意度和离职倾向的影响作用；二是探讨企业员工组织信任在组织公平、变革型领导、组织政治知觉影响工作满意度和离职倾向中的中介效应。本部分内容在文献分析的基础上构建理论模型，以调查问卷的形式收集数据，对理论模型进行验证。

研究四：组织信任对企业员工工作态度的影响机制

研究目的：本研究在上述研究的基础上进一步探讨企业员工组织信任的作用。尽管已有学者对企业员工组织信任对工作满意度、组织承诺和离职倾向的影响作用做过相关研究，但是很少有学者探讨企业员工组织信任对工作满意度、组织承诺和离职倾向的作用机制，因此很有必要对组织信任对企业员工工作态度的影响机制进行研究。

研究方法：主要采用问卷调查、回归分析的方法。

研究介绍：本部分内容在文献研究的基础上构建理论假设和模型，并选择合适的调查问卷，在对问卷进行前测的基础上进行修改，使用已经修改好的问卷进行大规模的调查，对获取的数据进行信度和效度检验，最后对模型假设进行验证。

二　研究意义

企业是从事生产经营活动的主体，企业的信任状况影响着国家的整体信任，企业的生存发展决定了国家的整体经济状况。对个体来说，企业的经营状况直接影响着企业员工、消费者等众多利益相关者的利益。因此，对企业员工组织信任的前因、效应及其作用的研究，对提高企业的整体信任水平、促进我国企业的可持续发展具有非常重要的现实和理论意义。

从现实需要来看，我国企业已经面临着非常严重的"组织信任危机"。短期内表现为劳资关系紧张、员工流动率高，长期看必然导致企业竞争力下降。而企业员工组织信任的提高，对于员工来说，能够增加其组织承诺、提高其工作满意度和降低其离职倾向；对员工之间的关系来说，能够促进良好的工作关系，减少员工之间的摩擦、加强合作、促进团队合作、提高组织绩效；对组织整体来说，可以促进组织学习和知识分享、促进组织发展以及劳资关系的和谐，促进企业竞争力的提高。而企业竞争力的提高对促进我国整体经济的发展，提升我国的国际竞争力和可持续发展具有重要意义。

21世纪对我国来说是一个"变革"的时代。经济全面发展，企业的经营环境快速变化，竞争状况空前激烈。在目前的商业环境中，组织变革的作用超过以往任何时候，已经成为组织生存的一种重要方式（Carnall，2003）。但是，根据Porras和Robertson（1983）的研究，只有不到40%的变革最终产生了积极的效果。Daft（1986）指出，只有在组织成员愿意尽全力去达成新目标，且愿意克服困难并承受压力时，变革才会成功。当前，许多学者认为员工组织信任对组织变革有积极的作用。因此，员工组织信任将对组织变革的成败起关键作用。

人才是企业竞争的根本。员工特别是核心员工的离职关系到企业的正常运行，甚至制约企业的生存和发展。而员工组织信任则直接影响员工的离职倾向，是员工离职与否的关键。一个组织信任感高的组织其员工离职率一定比较低。因此，保留员工特别是核心员工，组织信任就成为关键性的因素。

从理论需要来看，一方面，我们需要使用定性和定量的方法来研究企业员工组织信任问题，深入了解企业员工组织信任的影响因素、企业员工组织信任的影响作用，让企业经营者充分认识并重视企业员工组织信任；另一方面，为了提高企业管理水平，我们必须从理论上找到合适的方法，指导我国企业提高员工组织信任水平。

在以往的研究中，学者们大都关注企业中的主管信任问题，而忽视了员工对组织整体的信任知觉的研究，因此目前的研究无法从理论上很好地指导企业行为。近年来，我国也有部分学者开始关注组织信任问题，如中国科学院心理学研究所的凌文辁教授、北京师范大学的于海波教授、清华大学的郑晓明教授等，不过凌文辁、于海波、郑晓明侧重于从文化角度理解组织信任，将组织信任看作个人或群体成员遵守并忠诚于共同商定的承诺、不谋求任何额外利益的共同信念。在此基础上，他们实证研究了组织信任对员工态度和离职意向、组织财务绩效的影响，这与本研究有着显著的区别。总的来说，目前国内外对企业员工组织信任问题的研究还处于起步阶段，因此，本研究对企业员工组织信任问题进行系统的研究就具有重要的理论价值，必将为后续的相关研究提供重要的参考，并丰富这一领域的研究成果。

第三节　研究方法

本研究拟采用理论与实证相结合的方法进行研究，以便能够比较科学、规范地完成本研究的研究任务，达到预期的目的。

一　文献分析法

科学研究是建立在理论的基础之上的，论文要具有说服力，就需要有理论的支撑，因此，文献资料的整理、分析就显得非常关键。笔者为了做好文献研究，先后系统地查阅了国内外大量有关企业员工组织信任、组织公平、组织政治知觉、组织变革、组织气候等有关文献。在对前人研究成果分析、总结的基础上找到了本研究的突破口，提出了本研究的课题。在理论支撑的基础上提出了本研究的主要内容，并建立了企业员工组织信任影响因素概念模型，变革型领导对企业员工组织信任影响的概念模型，组织信任在变革型领导、组织公平和员工组织政治知觉对其工作态度影响的中介效应概念模型，组织信任对企业员工工作态度影响的概念模型，等等，系统、全面地研究企业中员工的组织信任问题。

二 经验实证法

（一）访谈法

通过半结构化的深度访谈，对中国联通湖南长沙分公司、沙伯基础创新塑料中国有限公司和特变电工衡阳变压器有限公司等企业的员工进行访谈，获取第一手资料。然后对访谈资料进行整理，选择本研究的变量，并对变量的定义进行界定，选择适用于本研究的测量工具。

（二）问卷调查法

实证研究是检验模型的科学方法。本研究选择问卷调查法获取有关的数据。首先，在对已有文献进行研究的基础上确定本研究的概念模型。其次，通过前测和再测工作来检查调查工具的信度和效度，并在此基础上形成本研究的最终调查工具。最后，利用调查工具大规模回收有关数据，对模型和假设进行严格、科学的验证，采用单因素方差分析、回归分析、相关分析、因子分析、结构方程建模等统计方法分析处理有关数据，以确保模型建立的严谨性、问卷设计的科学性、假说检验的可靠性。

（三）统计分析法

本研究主要采用 SPSS11.5 和 LISREL8.71 两个统计分析软件进行统计分析。

第四节 结构安排与技术路线

一 结构安排

本书的逻辑思路与内容安排如下：

第一章：绪论。介绍本研究问题的现实和理论背景、意义、方法、技术路线、结构安排等。

第二章：理论回顾与分析。本章对研究内容涉及的所有变量，如组织信任、组织政治知觉、组织公平、组织气候、组织变革、变革型领导、组织承诺、工作满意度和离职倾向进行理论探讨，以期为研究模型的建立和假说的形成提供理论依据。

第三章：研究设计。本章主要介绍研究使用的方法、论文的研究模型、访谈研究、正式调查问卷的形成以及对大样本进行数据分析等。

第四章：企业员工组织信任的主要影响因素。在文献研究和访谈研究的基础上，对影响企业员工组织信任的个体因素和组织管理因素进行实证研究。研究结论如下：一是不同性别、受教育程度、婚姻、职位和收入的员工组织信任之间存在显著差异；二是组织公平、变革型领导和组织政治知觉在多元回归模型中直接被接受为企业员工组织信任的前因变量，而组织气候、组织变革并未被模型所接受。

第五章：变革型领导对企业员工组织信任的影响机制。在第四章研究的基础上，运用结构方程建模方法，探讨影响因素对企业员工组织信任的作用机制。研究结果表明，变革型领导不仅对企业员工组织信任具有直接显著的正向影响，而且还通过组织公平、组织政治知觉对企业员工组织信任产生间接的显著影响，组织公平和组织政治知觉是变革型领导影响企业员工组织信任的中介变量。

第六章：企业员工组织信任的中介效应。在第四章、第五章的基础上进一步探讨企业员工组织信任的中介效应。研究结果表明：①组织信任在组织政治知觉对企业员工工作满意度、离职倾向作用中起完全中介效应；②组织信任在组织公平作用于企业员工工作满意度、离职倾向中起完全中介效应；③组织信任在变革型领导影响企业员工工作满意度、离职倾向中起部分中介效应。

第七章：组织信任对企业员工工作态度的影响机制。本章主要研究企业员工组织信任的影响作用。回归分析结果显示：第一，企业员工组织信任对工作满意度、组织承诺和离职倾向都有显著的影响；第二，工作满意度对组织承诺和离职倾向有显著的影响；第三，工作满意度在企业员工组织信任与组织承诺之间起部分中介作用；第四，工作满意度在企业员工组织信任与离职倾向之间起部分中介作用。

第八章：研究总结。本章主要包括三方面内容，其一，讨论研究结论；其二，讨论本研究的创新和贡献；其三，对研究的不足进行总结，并对未来的研究进行展望。

二 技术路线

技术路线是本研究的总体规划，具体如图 1-4 所示。

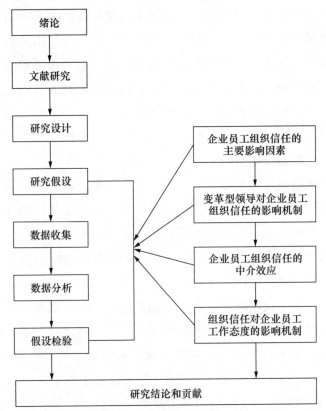

图 1-4 本研究的技术路线

第二章 理论回顾与分析

第一节 组织信任理论

组织信任作为一种重要的社会资本在组织各种关系中处于中心地位，是员工对组织所持有的一种肯定态度，是组织团队合作的基础，也是企业得以有效运行的前提条件，正日益成为影响组织核心竞争力的关键因素，深刻地影响着人们的态度和行为。因此，对企业员工组织信任的研究具有非常重要的意义。

一 组织信任的内涵

随着组织信任的重要性日益被人们所认知，越来越多的学者开始关注组织信任的研究。不过组织信任是一个非常复杂的社会和心理现象，尽管研究者对于组织信任的概念做了大量的研究工作，但是到目前为止仍没有被学术界普遍接受的概念。通过对大量文献的整理、分析，可知组织信任的研究大体可分为组织间的信任和组织内的信任，本书仅仅研究组织内部的信任。国内外众多学者从不同的研究角度对组织信任的概念进行了界定，通过整理分析，大致可以把学者们关于组织信任的观点归纳为系统论、人际论和综合论。系统论把组织信任看作员工与组织之间的信任关系，以 Robert 等（1998）的观点为代表，他们认为员工对组织的信任程度是指员工通过对组织的整体评估后，认同组织的政策方针，同时在不能监控组织的情况下，愿意将自己暴露在容易受伤害的环境中。人际论把组织信任看作组织内部员工之间的信任关系，以 Podsakoff 等（1990）和席酉民等（2004）的观点为代表，Podsakoff 等提出组织信任是员工信任领导的程度和员工信任相关工作同事的程度。席酉民等认为组织信任是员工相信，组织中的大多数员工会采取对组织有利的特定活动，并承认和保护所有成员从事组织任务的权利和利益。综合论既强调员工与组织之间的信任关系，又强调员工之间的信任，以 Nyhan 和 Marlowe（1997）的观点为代表，他们则将组织信任定义为员工之间互动产生的信任和员工对组织整体的信任。Costigan、Itler 和 Berman（1998）认为组织信任是员工对组织的信任以及监督者与组织成员、同事之间的信任关系。

综上所述，虽然学者们对组织信任的界定存在一定的差异性，但是概括起来，无非是把组织信任分为两个维度，即人际信任和系统信任。人际信任是组织成员相互之间的信任，包括员工对同事的信任程度和员工对主管的信任程度。系统信任则是员工对组织整体的信任程度。由此可知，组织信任具有如下特点：①组织信任是多水平的信任，既有人际信任又有系统信任。②组织信任是一个单向度的概念，是一个特定的员工对其他员工和组织整体的单方面信任。③组织信任具有初始性，从两者一开始发生关系，一个员工就会根据其他员工或组织整体的表现，而给予其他员工或组织整体多少信任。④组织信任具有动态性，一个员工对其他员工或组织整体的信任程度越高，则信任感越高；反之则反。本书侧重研究系统信任，即员工对组织整体的信任知觉。

二 组织信任的相关研究

（一）员工组织信任的影响因素研究

（1）员工对主管信任（人际信任）的影响因素

对企业员工组织信任的研究目前大多集中于人际信任（主管信任）方面。正如台湾学者林证琴（2004）所说，在组织信任方面，

以员工与主管之间的信任关系研究为最多，其次是员工之间的信任
关系研究，最少的就是员工对组织的信任关系研究。郭维哲和方聪
方（2005）提出对组织信任的研究，过去多以对主管的信任为焦
点，把主管信任等同于组织信任，因而忽视了对组织信任其他维度
的研究。中国学者祁顺生和贺宏卿（2006）也认为员工对主管信任
这个结构维度的研究是组织信任理论和实证研究中最丰富的部分。
最早研究人际信任影响因素的学者是 Hovland 等（1953），他们认为
专业技能和撒谎的动机是影响信任的因素。Butler（1991）通过调
查提出了员工信任主管的 10 种特征。Mayer 等（1995）提出的组织
信任一体化模型具有非常大的影响力，他认为人际信任度取决于信
任者对被信任者能力、仁慈、正直的感知。Konovsky 和 Pugh
（1994）在研究组织公平对组织公民行为影响中发现程序公平对主
管信任有预测作用，分配公平对主管信任则没有预测作用。Aryee
等（2002）在研究组织公平对组织公民行为的影响中发现互动公平
对员工信任主管有影响作用。Podsakoff、Mackenzie 和 Bommer
（1996）在研究中发现变革型领导对主管信任有预测作用。Pillai 等
（1999）在研究变革型和交易型领导对组织公民行为的影响中也发
现员工主管信任在变革型领导影响组织公民行为中起中介作用。
Maureen 等（2003）在研究程序公平和互动公平与察觉组织支持和
主管信任之间的关系中发现组织结构和互动公平影响主管信任。Ra-
him（1983）在研究组织气候与组织信任关系时指出组织气候越和
谐，组织成员之间的冲突量就越小，对组织信任就具有正向影响作
用。Barclay（1991）也认为和谐的团队精神对部门之间信任具有正
面的影响作用；反之则反是。Ferris 等（1992）在研究中发现当组
织成员感知到组织政治程度高时，会降低其对同事的信任程度。
Chan（1997）在研究中指出组织政治是影响部属对主管信任的一个
主要因素。Mishra 和 Spreitzer（1998）认为组织变革降低了沟通，
提升了冲突，导致员工信任水平的降低。Whitener 等（1998）在研
究中提出组织结构、组织文化等会影响员工对主管的信任行为，从

而影响员工的信任感知。周三多（2000）认为一个主管在工作中对下属的信任程度越高，其授权的程度就越大；反之则反是。

（2）员工对组织信任（系统信任）的影响因素

在大多数的学者研究主管信任的同时，也有极少数学者开始探讨员工对组织的整体信任问题。Tan 和 Tan（2000）在研究员工对主管的信任和对组织信任这两类不同的信任中发现，程序公平性、分配公平性和可感受的组织支持等变量对员工信任组织有显著的影响。Hopkins 和 Weathington（2006）在研究中验证分配公平和程序公平对组织信任有显著的影响作用。

（二）员工组织信任的影响作用

（1）员工信任主管的影响作用

国内外学者验证主管信任对许多组织结果变量都有显著的影响。Argyis（1964）在研究员工与组织关系中提出主管信任对绩效非常重要。Dirks（2000）在研究中发现对教练的信任与篮球队的成绩有关系。Deluga（1995）在研究主管信任与下属组织公民行为的关系中发现主管信任与绩效显著相关。Roberts 和 O'Reilly（1974）在研究组织沟通时发现主管信任会影响到沟通的准确性、员工沟通的满意度等。同时他们还发现对主管的不信任使得员工抵制或者扭曲传递给主管的信息。Pillai、Schriesheim 和 Williams（1999）在实证研究中发现员工对主管的信任对其组织公民行为有显著的影响。其他学者如 Konovsky 和 Pugh（1994）、Aryee 等（2002），Dirks 和 Ferrin（2002），他们在研究中发现员工主管信任与组织公民行为显著相关。Tan 和 Tan（2000）在研究中发现员工信任主管对下属对主管的满意度、下属的创新行为有预测作用。Heather 等（2001）在研究授权与护士工作满意度、组织承诺的关系时发现员工对主管的信任对其工作满意度、情感承诺和继续承诺均有显著的影响。Alder、Noel 和 Ambrose（2006）通过实证研究验证员工主管信任对其工作满意度、组织承诺和离职倾向有显著的影响。

（2）员工对组织信任的影响作用

员工对组织信任无疑将产生积极的作用。Tan 和 Tan（2000）在研究中发现员工信任组织对其组织承诺、离职倾向有影响作用。Ngo 和 Wong（2003）通过实证研究发现员工信任组织能够预测员工离职率，而且还发现相对于主管信任，员工离职率与信任组织的关系更加显著。Hopkins 和 Weathington（2006）在研究组织公平对员工工作态度影响中发现员工对组织信任对其组织满意度、情感承诺和离职倾向均有显著影响。

第二节 组织政治知觉理论

组织政治存在于任何社会组织之中，是影响员工职业生涯的重要因素。研究表明：组织政治对员工的工作态度和行为均有显著的影响，而且组织政治常常被认为是对组织的不利行为，损害组织的效能。因此，研究组织政治以及员工的组织政治知觉就具有非常重要的意义。

一 组织政治知觉的内涵

（一）组织政治

组织政治的研究其实源于政治学领域，可以追溯到亚里士多德的《政治学》，政治的本质是权力，是获取稀缺资源的一种途径（Heywood A.，2006）。1947 年，马克斯·韦伯将政治引入到了组织研究领域，并提出组织政治的思想，但真正明确提出组织政治概念的却是 Mayes 和 Allen（1977），他们把组织看作组织政治的竞技场。随着组织政治的性质和作用逐渐被人们所认知，越来越多的学者开始关注组织政治的研究，特别是 Ferris 等提出"组织政治知觉"（Perception of Organizational Politics，POP）概念和因果关系模型以后，引起了学者们的注意，于是产生了大量关于组织政治的理论与实证研究。

　　尽管大量的学者对组织政治的概念进行了界定，但是到目前为止还是缺乏被普遍接受的概念。总结起来，大致可以把学者们关于组织政治的观点归纳为消极、积极和中立三种。消极观点把组织政治看作组织的一种负面影响，对组织具有危害性，损害组织的利益；积极观点则认为组织政治在处理组织变革等方面进行的协商、谈判等行为对组织具有积极的影响；中立观点反对简单对组织政治进行好与坏的二元绝对对立划分，认为组织政治对于组织的影响作用，既可能是积极的也可能是消极的。尽管组织政治的影响作用有正向的也有负向的，但大部分研究组织政治的文献仍将其焦点集中于其负向影响作用（Ferris & King，1991）。例如，Ferris、Fedor、Chachere 和 Pondy（1989）就把组织政治看作一种社会影响力的过程，在这个过程中，行为是经过精心设计以追求最大化短期或长期的个人私利，这种利益有时与他人利益是一致的，但有时是以牺牲其他人的利益而获取的。Wilson（1995）将组织政治看作是活动会损害组织的效能或行动设计的目的仅仅是为了个人获取权力。Cropanzano 等（1997）认为组织政治是不被组织承认的自利行为。实际上，组织中的政治行为，通常具有高度隐秘性，而且因个人的主观感知而存在差异（Ferris et al.，1989），相同的行为，不同的员工可能解释为政治或非政治，完全取决于员工的主观知觉。因此，可以认为组织政治对员工工作态度的影响不一定是负面的，也可能是正面的。

　　尽管学者们对于组织政治的界定仍然没有达成共识，但是对于组织政治研究的共同特征已经获得了一些共同认识，具体如下：

　　（1）组织政治是一种实施社会影响力的手段。

　　（2）组织政治的目的是用来促进或保护个人的私利，实质上就是个人或群体以牺牲他人利益谋取自我利益。

　　（3）组织政治至少包括两个具有相对独立利益的团体。

　　（二）组织政治知觉

　　知觉是一个人对所感知到的信息做出选择、组织和解释的过程。

通常人们是根据自己的主观经验和价值观对现实的知觉做出反应，因此，人们对同一现实的知觉存在差异。Lewin（1936）就指出每一个人都是基于其对真实的个人知觉而对事物做出反应。大多数人喜欢用自己的喜恶去理解世界，所以人们所了解的世界未必就是真实的世界。Robbins（1990）认为知觉就像审美观点一样，情人眼里出西施，自己认为美那就是美。Newberger 和 Devos（1988）指出人的行为会受到所处环境的知觉与认知的影响，往往胜于其实际存在的，特别是对组织政治行为的反应，所受到的知觉的影响更是如此（转引自李衍新，2003）。因此，所谓组织政治知觉，可以看作员工根据其组织政治的主观经验，对先前真实状况的知觉做出反应。Ferris 等（1989）认为组织政治知觉是从上级、同事和组织政策与事物等行为所产生的对组织政治的知觉。Ferris 和 Kacmar（1992）将组织政治知觉界定为：组织成员对于个人、群体及组织致力于追求自我利益的活动的认识评价与主观经验，也就是对工作环境中行为和事件的认知评价与主观经验，这些构成员工对组织中的政治行为的知觉。

总之，通过对国内外文献的整理、分析，本研究认为组织政治知觉是指员工根据自己的组织政治经验，对工作环境中的行为和事件的认知、评价。

二 组织政治知觉的相关研究

Ferris 等在 1989 年提出的组织政治知觉模型，揭示了组织政治知觉的前因变量和结果变量，为后续组织政治知觉的研究提供了分析框架。事实上，此后国内外学者对组织政治知觉的影响因素和作用结果进行了补充和完善，因此，组织政治知觉的研究大致可以分为两个方面：

（一）组织政治知觉的影响因素

组织政治知觉的影响因素包括：①人口统计变量。Ferris 等（1989）认为由于女性在工作中一般担任较低的职务，常常是组织政治活动的受害者，因此，相对于男性，女性在工作中有更高的组织政治知觉；Ferris 和 Frink 等在 1996 年的研究表明，性别与组织政治知觉呈负相关，工作年限与组织政治知觉呈正相关。②工作环境因素。员工与主管和同事的人际关系、组织制定的晋升政策和开展晋升活动也将触动员工敏感的神经，影响员工知觉组织政治的程度，并认为与主管和同事保持良好的关系将面临较大的晋升机会，这些都可以降低其组织政治知觉（Madison et al., 1980; Ferris et al., 1989）；另外，员工工作自主性、工作回馈性、技能多样性由于能够减少对工作环境的不确定性，从而可以降低组织政治知觉（Hackman & Oldham, 1980）。Ferris 和 Kacmar 在 1992 年的研究验证了升迁机会、与上级互动关系、工作自主性、工作回馈性、技能多样性等工作环境因素与组织政治知觉呈显著负相关。③组织因素。Kacmar 和 Bozeman 等（1999）的研究表明，组织集权化与组织政治知觉呈显著正相关，说明组织高度集权，普通员工只能被动接受组织决策结果，提高了他们的组织政治知觉；而组织正式化则与组织政治知觉呈负相关（Ferris & Kacmar, 1992），揭示了组织明确的工作目标、管理制度通过减少员工工作的模糊感，进而减少运用政治行为。

（二）组织政治知觉的影响结果

Ferris 等（1989）对组织政治知觉可能影响的结果变量进行了探讨，提出组织政治知觉可能影响员工的离职倾向、工作投入、工作焦虑和工作满意度。Ferris 和 Kacmar（1992）、Zhou 和 Ferris（1995）等在研究中发现组织政治知觉能够显著地预测员工的工作满意度。Cropanzano 等（1997）认为组织政治行为大多是徇私的行为，当员工知觉到组织中的政治行为时，就会产生较高的组织政治知觉，他发现组织政治知觉与员工工作满意度、组织承诺、工作投入和组织支持呈负相关，而与离职倾向呈正相关。Drory（1993）提出组织政治知觉会影响员工的工作态度，认为组织政治知觉对员工组织承诺产生负面影响，即组织政治知觉越高则员工组织承诺就越低，尤其是职位较低者其负相关的程度更大。相对于职位较高的员工，他认为企业组织政治行为对低职位的员工影响更大。台湾学者胡其安（1999）在研究中将冲突和组织政治知觉联系起来，提出冲突将导致工作环境中不确定性的提高，员工为了应对工作环境的不稳定而采取政治行为，从而提高了员工的组织政治知觉，经检验组织政治知觉对员工组织承诺有显著的负面影响。Ferris 等（1992）在研究中发现，当员工感知到组织政治程度高时，会降低其对组织和同事的信任程度。台湾学者谢哲豪（2006）在研究中同样验证组织政治知觉与信任存在显著的负相关关系。Poon 等（2003）的研究也验证了组织政治知觉与信任呈显著负相关。

第三节 组织公平理论

组织公平一直是组织行为学领域研究的一个非常重要的主题，因为组织公平对组织的许多结果变量如组织承诺、工作满意度和离职倾向等都具有显著的影响作用。在实践中，组织公平是组织管理者必须面对的管理问题，直接影响员工在工作中的态度和行为。

一 组织公平的内涵

组织科学对公平问题的探讨始于亚当斯（Adams，1965）对分配公平问题的开创性研究。他通过评估报酬的合理性和公平性对于员工工作积极性的影响进行了专门的研究，提出了组织公平理论。他认为员工对组织分配结果公平与否的感知，取决于员工对工作的投入与所得的报酬的对比，如果员工感知到所得的报酬低于工作投入时，会产生不公平的感知，继而影响其以后的工作投入行为。Adams 所强调的对分配结果公平性的感知，也就是分配公平。分配公平以员工为中心，比较的对象包含了员工本人和组织内部同岗位的其他员工，而且组织外部同类型产业内公司的员工也会作为参考对象进行比较。该理论还指出员工根据自己的状况与他人的状况进行相对的比较，来判断是否得到公平的对待，而不是以某些绝对的标准来判断。Adams 公平理论着重于分配公平性，得到了广泛的认同。Folger 等（1985）指出，分配公平是员工感受到组织在资源分配的结果上是否公平。Niehoff 等（1993）也认为分配公平实际上是员工对组织使用公平的方式来分配报酬的感受。

Thibaut 等（1972）在研究辩论者对不同法律诉讼程序的不同反应时提出了程序公平的概念。程序公平的提出，扩展了分配公平的研究视域。他们把计划和执行决策的过程看作感知公平的决定性因素，而不是之后所得到的结果的多少，从而引发了对组织公平的重新思考以及对组织公平的多维的比较研究，促进了组织公平问题研究的发展。程序公平侧重于制定分配决策的过程，而不是分配的结果。Thibaut 和 Walker（1975）认为程序公平就是人们在诉讼的过程中可以表达他们的想法与参与过程的控制。Folger 等（1998）把程序公平看作决定结果公平性问题的相关方法、机制和过程。Niehoff 等（1993）在研究中提出程序公平是员工对组织依据公平方式和原则制定决策知觉的程度。1980 年 Leventhal 等提出了六项程序法则，以评估程序的公平性。即一致性（consistency），同一程序，不因时、因地而异；代表性（representation），所有利益相关者均有参与权；准确性（accuracy），强调决策程序是建立在正确信息的基础上；避免偏见（biassuppression），决策者在广纳利益相关者的基础上做出公正的决策；可修正性（correctability），存在对不公平或不适用的程序做修正的机制；道德性（ethicality），程序符合社会普遍的道德标准。Leventhal 等所提出的程序公平法则，涉及分配制度的制定、执行和完善，是对程序公平比较系统和全面的评价。从此，程序公平受到越来越多学者的关注。

1986 年，Bies 和 Moag 在关注程序执行时人际处理方式对公平感的影响时，提出了互动公平的概念。强调员工对所获得待遇以及彼此的沟通是否公平的感知。但是，有学者对互动公平作为一个独立的变量提出质疑（Tyler & Bies，1990）。Skarlicki（1995）提出互动公平和程序公平有重复的部分，不能明确从组织公平中区分出来，因为个人对程序公平的感知是受到个人在过程中是否受到公平的待遇所影响。

二　组织公平的相关研究

组织公平一直以来都受到国内外学者的关注和重视，是组织行为领域最重要的变量之一，目前已经取得了较丰富的研究成果，从现有研究文献来看，学者们对组织公平的研究主要集中在影响因素和作用结果两个方面。

（一）组织公平的影响因素

本研究通过对相关研究文献的整理和分析，得出组织公平的影响因素主要体现在以下三个方面：

第一，员工个体特征因素。员工个体特征因素包括性别、年龄、职位、性格等方面，以往的研究表明不同特征的员工对组织公平的感知存在差异。Murphy（1998）在对组织公平的影响因素进行总结时提出，性别、职位、自我意识等因素在以往的研究已经被验证了都会对组织公平产生影响。国内学者李超平、时勘 2003 年的研究也揭示了员工的年龄、教育程度和职位都会影响组织公平。周茉在 2014 年的研究表明，男性和女性员工在程序公平和分配公平上存在显著差异，组织公平各维度，包括程序公平、分配公平、人际公平和信息公平在不同年龄、不同工作年限的员工中均有显著差异。

第二，领导者及领导风格。领导是组织的代理人，是组织资源的分配者，也是下级工作的安排者和评价者，领导行为直接影响员工对组织公平的感知。Arjan（2007）的研究表明，变革型领导与程序公平和分配公平显著相关。Weaver 等（2005）的研究发现，道德领导通过在组织中成为道德伦理的模范，从而影响员工的道德规范，在组织中形成公正的氛围。周浩和龙立荣（2007）认为，主管的领导方式一方面影响下级对于主管互动方面的评价，另一方面影响下级对于组织公平性的评价。

第三，文化和组织因素。从某种意义上而言，文化会影响人们对于公平的看法，Hofstede 等（2010）研究发现，个体主义倾向和集体主义倾向的员工对于利益方面的反应存在差异，表现为个体主义倾向强的员工更重视分配公平。王庆娟和崔勋在 2012 年的研究表明，不同文化群体的员工的公平观可能不同，中西方员工对于组织公平的认识存在差异。刘宁等（2017）的研究揭示适度的薪酬保密制度既保障了员工的隐私权，也对组织公平产生正向影响作用。此外，提高组织沟通的开放程度，对员工组织公平感将产生积极的作用（刘彧彧等，2010）。

（二）组织公平的作用结果

组织公平之所以引起学者的广泛关注，就在于组织公平对员工和组织的巨大影响作用，通过对现有研究文献的分析和梳理，大致可以将学者们的研究归纳为以下几个方面：

第一，对工作态度的影响。员工工作态度变量包括组织承诺、工作满意度和离职倾向等。组织公平对组织承诺、工作满意度等工作变量的影响，是学者们的研究重点之一。从组织承诺和工作满意度来看，Kim 和 Mauborgne（1993）在研究跨国公司策略的运用中发现，子公司高层管理者对母公司的程序公平的感知，会影响其对组织承诺和工作满意度等态度变量。Pearce 等（1998）研究表明，美国和立陶宛两国员工的组织公平与组织承诺相关。Pillai 等（1999）研究发现，澳大利亚、哥伦比亚、印度和美国等国家中程序公平和分配公平对工作满意度存在显著的相同影响。就离职倾向而言，Fields 等（2000）以中国香港地区的员工为研究对象，揭示了分配公平显著负向影响员工离职倾向，表明组织分配越公平，员工的离职倾向就越低。

第二，对工作绩效的影响。工作绩效是员工在工作中取得的成绩。现有研究文献表明分配公平和程序公平等组织公平维度与员工

的工作绩效息息相关。Lam 等（2002）在研究组织公平与工作结果
关系的跨文化比较研究中发现，分配公平和程序公平对工作满意度
以及绩效均有显著的正向影响。Konovsky 等（1991）在研究员工对
公平的知觉可以预测员工的态度和工作绩效中发现程序公平与工作
绩效有正向的关系。

第三，对工作行为的影响。员工工作行为是组织行为学关注的
重点话题，以往的研究结果显示组织公平对员工工作行为存在显著
的影响。就组织公民行为而言，Moorman 等（1998）在以军事医院
的成员与其主管为研究对象时发现程序公平是组织公民行为的前因
变量，研究结果表明程序公平影响组织公民行为。从创新行为来
看，吕强（2015）的研究验证了组织公平对员工创新行为的显著影
响作用，具体来说，程序公平、分配公平、人际公平和信息公平均
正向显著影响员工创新行为。就反生产行为而言，申晓红（2014）
的研究表明，组织公平与新生代员工的反生产行为显著负相关。就
沉默行为来说，李锡元等（2014）揭示了组织公平对员工的沉默行
为存在显著负向影响。

第四节　组织变革理论

21 世纪对我国来说是一个快速变化的时代，企业的经营环境日
益不确定，面临的竞争状况空前激烈。企业要在这种多变的社会环
境下发展，唯有不断追求"变革"，才能生存和发展。"组织变革"
成为企业发展所必须具备的能力，成为企业发展的必要历程。企业
只有适应社会环境的变化，采取适当的措施，不断变革组织，才能
生存和发展。而员工面对企业组织变革往往有着非常矛盾的心理，
既感到恐惧、焦虑又抱有希望，因此，企业组织变革就可能影响员
工对组织的信任程度。

一　组织变革的内涵

组织变革的研究始于 20 世纪 40 年代，美国著名的组织管理学家库尔特·卢因（Kurt Lewin，1951）提出了的"解冻—变革—重新解冻"的组织变革三部曲理论。该理论用力场分析法来解释组织变革现象和产生的原因，奠定了组织变革理论基础。此后，国内外众多学者对组织变革进行了研究。由于组织变革涵盖的范围较广，每个学者从自己的研究角度出发，强调的重点不同，从而形成了不同的概念。Leavitt（1964）认为组织变革就是改变组织结构、人员行为和科技工具这三种不同的机能，而它们相互之间具有高度的依赖性，其中任何一项改革都可能引起其他的改革。Dessler（1980）则把组织变革看作增加组织效能而改变组织的结构、技术和人员的历程。Michael（1982）将组织变革定义为组织因环境变化而进行的调整过程，通常发生在组织经营行为与环境变动无法配合时，且变革是持续变动的过程，而变革也意味着游戏规则的改变。Jick（1993）提出组织变革是组织针对内外环境的压力，所采取的计划性或非计划性的调整措施。Bruce 等（2000）则认为任何概念都无法概括组织变革的含义，只能广泛定义为组织由某一状态、情景或层次转化为另一种状态、情景或层次的历程，而转化的过程可为计划性或非计划性。Robbins（2003）把变革看作使事物变得不一样，认为在组织中的变革为计划性变革，为一种有机会与目标导向的活动。通过分析，本研究发现组织变革具有如下特征：①组织变革是企业的一种常态，是任何组织发展所必经的历程；②组织变革是由企业所处的内外部环境所导致的；③组织变革的范围涉及员工、部门及组织本身；④组织变革能造成状态、情景和层次的变化；⑤组织变革的目的是为了企业的生存和发展；⑥组织变革可以是计划性的，也可以是非计划性的。

二 组织变革对员工的影响

任何组织都是由一定数量具有不同学历、年龄、能力、利益、价值观的员工构成。组织变革的目的在于突破现状、调整改革、重新改造，因此任何组织变革都是对组织现有利益格局的调整，直接影响员工的利益，必然会对员工的态度和行为产生影响。当然这种影响可能有积极的一面也可能有消极的一面，不过目前学者们将更多的目光聚焦在组织变革消极影响的研究上。国外学者专门针对组织变革对员工的影响进行了深入的探讨。

Hodge 等（1970）认为当组织变革将导致下列情况时，会引起员工对变革的抗拒，即组织变革可能影响员工的个人地位时；组织变革引起员工对未来的担忧乃至恐惧时；组织变革影响员工的工作内容时；组织变革可能导致个人权威受损或减少工作机会时；组织变革导致工作规则改变时；组织变革改变群体关系时；员工对组织变革不了解，也没有参与改革计划制定时。

Daft 等（1986）在研究中提出一个组织变革影响员工的模型。认为组织变革从以下五个方面对员工产生影响。第一，自我利益受损，认为如果组织变革导致员工个人经济、地位、权利和尊重等利益受到威胁时，就会产生抗拒。第二，不确定性，组织变革往往充满着不确定性，当员工对组织变革的未来充满恐惧时，往往容易产生焦虑和不安。第三，缺乏了解和信任，在组织变革时，如果员工对组织变革的原因、目的缺乏了解，容易抗拒变革，尤其在员工对组织的信任不高的情况下。第四，组织变革对员工的影响存在差异，因为不同能力、职位、价值观、目标的员工对组织变革的认知存在差异和不同的利害关系。第五，社会人际的干预，任何组织员工都是社会的一分子，都存在相当复杂的社会关系，因此员工的社会需求对变革的对抗也是具有很大力量的。

Robbins（1998）研究认为，员工对组织变革的抗拒取决于改革的方式和对改革的了解程度。员工抗拒的是组织变革给其带来的损失或损伤的可能性，并不一定是抗拒改革本身。归纳起来员工抗拒组织变革的原因有：①习惯，员工的心理和生理很容易处于现状满足的状态，形成习惯使员工不愿意尝试新的改变，而组织变革就是要打破员工的习惯，因此，这些习惯往往就成为员工抗拒的来源。②安全感，安全感是员工的基本需求，组织变革无疑会影响员工的职业安全感，当员工感受到职业安全受到影响时，就会产生抗拒。③经济因素，组织变革对员工工作岗位、工作内容、工作要求、工作收入等方面产生影响时，也会影响员工对组织变革的支持。④对未来的恐惧，组织变革使员工对未来产生不确定性，这种不确定性会使员工对未来产生恐惧，进而影响员工对组织变革的支持。⑤选择性处理信息，员工在处理信息的过程中，往往把那些与自己认知不同的信息故意漏掉，从而强化了自己的观点。

综上所述，通过不同学者就组织变革对员工影响的论述，发现他们对组织变革对员工的影响存在共识，那就是组织变革存在对员工的负面影响，认为组织变革会打破员工的既有习惯、影响员工的安全感、对员工既有社会关系造成冲击，影响员工的个人地位、收入状况、工作任务，引起员工对未来的恐惧等。因此，组织变革必然会影响员工与组织的关系。

三　组织变革的相关研究

（一）组织变革对员工工作态度和行为的影响

随着外部环境的变化，组织为了生存和发展必然进行组织变革。在组织变革的过程中，员工所从事的工作会深深地受到影响，员工熟悉的工作方式、工作流程就会变得陌生或具有不确定性，因此组织变革会使员工产生不确定性与紧张感（Hobman et al.，2004）。这种不确定性包括组织变革导致员工地位的下降、工作不安全感、角色冲突、角色负荷以及可用资源的减少等。而这种不确定性被证实对员工心理和行为有显著的影响（Doby et al.，1995）。Hui 等（2000）在研究中指出员工在面临组织变革的情况下，对变革可能导致自己地位的下降、工作的不安全感等方面产生不确定感，而这种不确定性将影响到员工的组织承诺、内在动机和缺席状况。Ashford 等（1989）在研究中发现员工工作不安全感会降低其组织承诺和工作满意度，提高员工的离职倾向。Stevens 等（1978）在研究中发现工作负荷与组织承诺负相关。当组织变革使员工预期到将来的工作量增加，其就不会再像过去那样努力，也没有动力去做其他额外的工作，也就是其组织公民行为降低。Lamasa 等（2000）通过深度访谈的方式，研究在组织变革条件下经理对组织的承诺，研究结果包括两个方面：其一，如果经理人认为组织变革不会影响其经济、地位，则倾向于对变革进行承诺，即所谓报酬基础的承诺；其二，如果经理人对组织变革所做的承诺是有价值的，而且情感上是重要的，则倾向于对变革做出承诺，即所谓信任基础的承诺。而被动的承诺则是低报酬低信任基础类型的承诺。Robbins（2003）认为在组织变革中人员精减会对幸存者产生多方面的心理影响，而人员精减政策执行的公平性、过程的透明化和协调度等也会影响幸存者的组织承诺和工作满意度等。Lo 和 Yen – Fen（2004）研究证明组织变革对员工工作满意度具有影响。综上所述，组织变革对员工的组织承诺、工作满意度、离职倾向均有显著影响。

（二）组织变革对绩效的影响

在目前的商业环境中，组织变革超过以往任何时候已经成为组织生存的一种重要方式（Carnall, 2003）。组织变革常常以追求绩效为目标，其试图改变的对象，包括员工行为、组织文化、组织结构、组织策略以及组织与竞争之间的关系（Cuming & Worley, 1997）。在工作绩效方面，Cunha 和 Cooper（2002）认为员工在变革的情况下会产生压力，员工因为工作压力而调整其工作态度和行为，从而影响工作绩效。栾春燕（2012）的实证研究表明，组织变革对员工工作绩效存在显著的负向影响。在组织绩效方面，叶景祥（2008）以台南地区 286 位银行业员工作为抽样对象，实证结果表明，组织变革对组织绩效呈现显著正向影响。赵跃（2010）通过对

HZ 医院的中高层、医护人员、病人和当地居民的问卷和访谈，并结合医院相关资料，论证了组织变革对医院组织绩效改进的积极作用。

第五节 组织气候理论

组织气候是企业员工对自己所处工作环境的一种心理感受。一般而言，这种感受会影响员工的工作行为，是影响员工态度和行为的重要变量。任何企业都非常重视经营效益，但是企业都是由人组成的，企业的成功离不开员工的工作投入，而员工的工作投入程度会受到工作环境的影响。

一 组织气候的内涵

组织气候的研究起源于 Lewin 在 20 世纪 30 年代提出的"场理论"。他认为要了解人类的行为，就需要考虑行为发生的整体环境情况，因此人类行为是个人与环境的产物。1968 年 Litwin 和 Stringer 在《动机与组织气候》一书中，首次提出以组织整体系统观念来描述组织内部员工的动机和行为。就是用一种整体和主观环境观念来研究员工对组织的整体感受和认知程度，从而使组织气候的研究获得了突破。尽管研究组织气候的学者试图对组织气候进行更准确的定义，但是到目前为止，仍然没有一个概念被学术界普遍接受。虽然对有关组织气候的定义存在争议，但是从组织气候的性质出发，可以将组织气候的概念大致归纳为两个方面：一方面是基于员工的个体，把组织气候看作员工对工作环境的主观感知，而不管工作环境是一个组织所具有的独特风格，还是员工与组织彼此交互的结果。其以 Litwin 和 Stringer（1968）为代表，认为组织气候是员工直接或间接感知到工作环境中一组可以测量的特质，而这些特质能够影响员工的动机和行为。另一方面则是从组织出发，把组织气候看成是组织而非个体的，是一个组织的独特风格，区别于其他的组织，在社会和组织过程中形成的一系列非心理组织变量，是描述个体行为的组织情景。它以 Pritchard 和 Karamsick（1973）为代表，认为组织气候是组织内部工作环境持久的特质，并与其他组织有所区别；它源于员工特别是高管人员的行为和策略，能够作为解释组织情景的基础；是指导活动的一种压力来源。

综上所述，尽管学者们从不同的研究目的出发，从不同的角度对组织气候进行了界定，但是学者们的定义还是存在某些共同的特质：①长期性，认为组织气候是组织中各种内部环境因素的产物，是长期形成的一种特有的气质。②整体性，认为组织气候是对组织整体环境的感知，而不是个人的行为表现。③可知觉性，组织气候是无形的又是可以感知的，而且影响员工的心理和行为。④独特性，每个组织都有自己独特的组织气候。组织气候的典型定义如表 2 - 1 所示。

表 2 - 1   组织气候的典型定义

作者	年份	定义
Lewin	1936	"组织气候"概念的奠基人，在 20 世纪 30 年代就提出"场理论"，认为人类行为的了解离不开行为发生的整体环境，而整体环境就是个人与其环境的函数。环境是客观存在的，可以为个体所感知的心理环境
Litwin 和 Stringer	1968	组织气候是员工在工作环境中直接或间接感知到的一组可以测量的特质，这些特质会影响员工的动机和行为
Tagiuri 和 Litwin	1968	组织气候就是组织内部工作环境持久的特性，能被员工所感知，并能影响员工的行为，同时也能对组织特性的价值加以描述
Schneider 和 Hall	1972	组织气候是员工对所处的组织环境所持有的整体性的感知

续表

作者	年份	定义
Pritchard 和 Karamsick	1973	组织气候是组织内部工作环境持久的特性，并与其他组织有所区别；它源于员工特别是高层主管人员的行为与策略，能够作为解释组织情景的基础；是指导活动的一种压力来源
Hellriegel 和 Slocum	1974	组织气候所代表的是描述性的组织特色，并不是员工对这个组织的爱憎或评价
Silver	1983	组织气候是一个组织的独特风格，区别于其他组织的特性
Owens	1987	组织气候是员工对组织不同环境的感知
Al – Shammari	1992	组织气候本质上都是知觉的、心理的，基本上是员工心理感受的表现
Altmann	2000	员工对其工作环境的认知，其认知说明了一位员工描述其工作场所及环境之感受

二 组织气候的相关研究

组织气候作为员工对组织整体环境的主观感受，对员工的行为动机和工作绩效产生显著的影响。因此研究组织气候对于员工与组织间的关系具有非常重要的意义。

（一）组织气候对员工工作态度的影响

组织气候对员工工作态度如组织承诺、工作满意度等都有显著的影响。Decotiis 和 Summers（1987）在研究中提出组织中的许多特性如结构、程序及组织气候均可用来预测组织承诺。台湾学者林营松（1993）的研究表明组织气候对组织承诺有显著的影响。Chadha（1989）在研究中发现组织气候对教师的工作满意度有直接的作用，民主、支持的组织气候能增进教师的专业认同感、降低教师职业倦怠感。Hickman（1987）在研究中也发现组织气候与工作满意度显著相关。Churchill 等（1976）在以销售人员为研究对象所做的研究中发现，组织气候能够预测整体的工作满意度，其解释量为 42%，其中与上司的亲密度以及参与工作标准的评定与控制具有显著的正相关关系。

（二）组织气候对员工行为的影响

组织气候是在一个特定的组织里员工直接或间接对于组织内部整体工作环境的感觉，这种表现会影响员工的行为。在组织公民行为方面，Kopelman 等（1990）认为组织公民行为受到组织气候不同维度的影响，吴志男（2004）以中国台湾地区 331 名营利组织员工为调查对象，验证了员工越是知觉到组织和谐、情感关系的气候，就会促使员工表现出更多的组织公民行为。在知识共享行为方面，Bock 等（2005）认为积极、良好的组织气候环境对知识共享形成的主观规范具有强烈的正向影响。在员工沉默行为方面，崔益艳（2013）的研究表明，员工对组织气候感知显著负向影响员工沉默行为的三个维度。在建言行为方面，徐妙文（2016）以 295 名员工为研究对象，发现组织气候能够正向影响员工的建言行为。

（三）组织气候对绩效的影响

组织气候作为员工对组织环境的感知，会影响员工的行为动机和绩效。Brief 和 Motowidlo（1986）通过对文献的回顾，认为与绩效相关的行为受到诸如组织气候等各种激励的认知影响。在工作绩效方面，李吉立（2010）以中国台湾地区海运承揽运送业从业者为研究对象，研究结果表明组织气候对员工工作绩效具有显著正向影响。在安全绩效方面，Neal 和 Griffin（2000）通过对组织气候与安全绩效关系进行考察，发现组织气候可以作为组织的安全状况预测变量，组织气候整体改善会带来组织安全状况的改善，组织气候可以促进安全绩效的提高。在团队绩效方面，陈秋燕（2010）通过对 536 位青少年足球选手进行调查，发现组织气候对青少年足球队团队绩效有显著影响。

第六节　变革型领导理论

随着经济发展的全球化，技术革新的加速，企业面临的竞争越来越激烈。在企业的生存与发展中，管理人员起越来越重要的作用。而管理人员的领导风格直接影响下属的各项工作，对员工的组织承诺、工作满意度、工作投入等均产生显著的影响。而变革型领导是当前影响力最大的一种领导风格理论，对它的研究具有十分重要的意义。

一　变革型领导的内涵

变革型领导是最近二十年来最受瞩目的领导理论。它可以追溯到 Downton（1973）的研究，他提出领导者对下属的影响力建立在交易或承诺等不同层次上。但是将变革型领导作为一种重要的领导理论则要归功于政治社会学家 Burns（1978）的贡献，他以政治人物为研究对象，并运用马斯洛需求层次理论来界定变革型领导的重要意义，认为变革型领导是一种过程，是领导者与员工相互提高道德和动机到最高层次的历程，是员工相互之间的影响过程，通过提高员工的自觉性，使领导者与下属一起进行才智开发与心灵鼓舞的活动，来促进组织变革。在 Burns 的研究基础上，Bass（1985）进一步发展和完善了变革型领导。他认为变革型领导主要是通过让下属意识到所承担工作任务的重要意义，从而激发下属的高层次的需要，促使下属为了组织的利益而抛弃个人利益，并产生超过预期的工作绩效。Friedman 等（2000）也认为变革型领导能够规划组织的远景和激发下属，并让员工参与组织远景的实现过程。Bennis 等（1985）则从变革的角度解释变革型领导，他们认为变革型领导善于运用权力和情境等有利因素，激发员工创新的意愿和能力，在组织面临外部环境变化时能及时调整运作的方式，帮助组织找到潜在改变的机会，以适应环境的变化，同时领导能够授予下属更多的权力，使他们充分发挥能动性，实现组织的目标。Tichy 等（1986）同样从组织变革的角度定义变革型领导，认为变革型领导对环境的变化有着敏锐的反应能力，在组织面临变革或生存危机时，通过运用领导能力，规划组织将来的发展前景，最大限度地降低员工抗拒改革的心理，同时对组织制度与人力资源进行改革，以实现组织变革的目标。Yukl（1994）把变革型领导看作影响员工态度的过程，认为变革型领导能够改变员工的态度，并建立对组织使命或目标的承诺，强调领导者要让员工自主完成目标任务；变革型领导也可以看作领导者通过改变组织文化与结构，并与管理策略相结合，从而实现组织目标。Sergiovanni（1990）从领导和员工的相互关系出发来定义变革型领导，把变革型领导看作一种领导者和员工彼此提高与激励的相互关系，领导者要重视启发员工的道德价值观和高层次的需求。Mackenzie 等（2001）从改变员工的价值观出发来定义变革型领导，认为变革型领导要从根本上改变员工的价值观，让员工认同主管的价值观，工作的目的并不仅仅是为了报酬，领导者要通过内化的过程去影响下属。Kanungo（2001）同样认为变革型领导能够影响员工的核心价值观，让员工自然接受领导者的远景，创造一个员工可选择和认同远景的工作环境，领导者激励员工增加自我效能和自我实现的能力。

尽管学者们的研究重点不同，对变革型领导的界定也存在一定的分歧，但本质上还是非常接近的。变革型领导的核心在于改变诱因，他以自身的人格魅力，为下属树立榜样，强调对下属的人文关怀，激励他们超越自身的利益，为实现组织的目标而努力。因此，正如 Robbins（1998）所说，在下属的眼中，变革型领导者能让下属自愿为组织做出贡献，并且对下属产生重要影响。而且变革型领导是建立在员工对意义的追求上，由此组织目标也从这里产生（Peter et al.，1982）。

二 变革型领导的相关研究

在变革型领导的相关实证研究中，学者们主要从三个方面展开研究：其一，研究变革型领导对员工的工作态度，如员工组织承诺、工作满意度等的影响；其二，研究变革型领导对绩效的影响；其三，研究变革型领导对员工工作行为的影响。

（一）变革型领导对员工工作态度的影响

变革型领导运用个人的人格力量和魅力领导、通过规划组织远景，并运用个别关怀和智力激发等策略，改善员工的工作态度，激励员工抛弃个人私利，实现组织目标。因此，变革型领导可以提高和改善员工的组织承诺、工作满意度等。这些观点已得到实证检验。Avolio 等（1991）在研究中发现变革型领导能够加强员工对同事和组织的承诺。Bycio 等（1995）以女性护士为研究对象，发现变革型领导与组织承诺间存在显著的正相关关系。Bass（1999）认为变革型领导能够有选择性地激发员工自发的成就、从属和权力动机，这些动机产生的结果是员工自我监控、自我评估的加强，从而最终使员工对使命的承诺得到增强。Medley 和 Larochelle（1995）以护理人员为研究对象，发现变革型领导和工作满意度呈正相关。Walumbwa 等（2005）以美国和肯尼亚两个国家的财务机构人员为研究对象，发现在不同的文化上，变革型领导对工作满意度和组织承诺均有正向影响。

（二）变革型领导对绩效的影响

变革型领导能够对员工的工作态度和行为产生积极的影响，而员工对组织正面的情感反应，会影响员工的工作绩效和组织的绩效。Judge 等（2004）的元分析结果显示，变革型领导对领导者工作绩效、群体或组织绩效均产生显著的正向影响。Bass 等（2003）以美国陆军72个步兵排以及班领导者为研究对象，发现变革型领导与单位效力、凝聚力和绩效均显著相关。Parry 等（2002）以1354位管理者研究变革型领导者的诚实认知，调查发现变革型领导者的诚实认知与领导者和组织效能显著相关。Geyer 和 Steyrer（1998）通过调查澳大利亚分支银行，验证变革型领导与长短期绩效有显著相关性。

（三）变革型领导对员工工作行为的影响

工作行为也一直是学者们关注的变革型领导有效性的重要方面。在组织公民行为方面，由于变革型领导能够改变员工的价值观念、发掘其潜能、提高其信心等方式来实现员工对组织目标的承诺，为实现组织目标付出个人期望外的努力，从而促使下属能够产生更多的组织公民行为（Piccolo & Colquitt，2006），刘朝等（2014）研究表明，变革型领导对员工组织公民行为具有显著的正向影响。在创新行为方面，Amabile 等（2004）在研究中发现，变革型领导对员工的创新行为具有显著的预测作用。在建言行为方面，段锦云等（2014）以 329 名员工以及上级为调研对象，研究结果表明变革型领导对员工建言行为具有显著的影响。在员工主动行为方面，Willians 等（1991）认为主管领导风格对员工产生的有利于组织的主动行为有一定影响；高群等（2016）通过对 80 家企业的调研，揭示了变革型领导对员工主动行为的显著影响。

第七节 离职倾向理论

员工离职就意味着对所属组织的否定。组织的离职率越高，其带来的人力成本就越高，对企业的影响就越大。一个具有高离职率的组织不可能成为具有竞争力的组织，因为员工离职除了需要重新付出招聘、培训等成本外，还会对组织的运作造成影响，特别是核心员工的离职，对组织产生的负面影响难以估计。离职倾向表明了员工对各种工作选择的感觉和评价，常常与流动行为相关，与其他的情感变量如工作满意度相比，更能接受员工流动，以往的研究已经验证了离职倾向是影响员工离职最直接和最主要的因素（Mobley et al，1979）。因此对员工离职倾向的研究就具有特别重要的意义。

一 离职倾向的内涵

离职是劳动者从组织内部流向组织外部。由于离职对组织的负面影响较大，员工主动离职一直是学术界研究的重点。Porter 和 Steers（1974）认为，离职倾向是指员工经历了不满意以后的下一个退缩行为。Caplan 等（1975）则将离职倾向看作员工打算离开现在的工作岗位，去寻找其他工作机会的意愿。Caplan 等的观点得到很多学者的赞同。Miller 和 Katerberg（1979）也认为离职倾向是员工离开组织与寻找其他工作机会倾向的总体态度，一般而言，员工在实际离职之前，会对离职问题进行评估衡量，这种对离职行为的衡量就是离职倾向。Williams 和 Hazer（1986）把离职倾向看作员工对离开他们现在工作单位的倾向、愿望和计划。Hinshaw 等（1987）持同样的观点，将离职倾向看成员工打算在将来某个时间将永远离开所服务职位的愿望。Mobley（1977）对离职倾向有自己的看法，认为在整个离职决策过程中，离职倾向是紧随产生离职念头、寻找工作机会、评估比较其他工作机会等之后在实际离职行为之前的最后一个步骤。1978 年 Mobley 等重新思考了离职倾向，把离职倾向看作工作不满意、萌生离职想法、寻找其他工作机会的愿望与找到其他工作困难可能性之总体表现。

综上所述，可以看出离职倾向是在特定组织中员工离开组织，另寻其他工作的倾向或程度，离职行为尚未发生。

二 几个典型的离职倾向模型

Mobely（1977）提出的离职过程模型主要解释了员工离职的思考过程。该模型将工作不满意看作前因变量，当员工感觉到工作不满意时，就会产生离职念头，或采取其他如缺席等行为来表达自己的不满，开始评估离职给自己带来的成本以及产生寻找其他工作的意愿，然后开始寻找新的工作机会，对可能的工作机会进行评估，以决定是否离职，若新工作机会比现有工作更有吸引力，则员工离职倾向就越高，从而最终导致离职。Mobely 离职过程模型的特点主要有：①强调员工个人的主观感受，员工根据自己的主观感受做出每一步的离职决策。②员工对离职决策进行了认真衡量。③影响员工离职的因素是多方面的。④离职倾向是影响员工离职行为的最直接的影响因素。该模型的主要缺点在于：离职过程的阶段比较难以区分，如离职念头和离职倾向等，同时该模型仅考虑了工作满意度这一影响因素，而未考虑其他影响员工离职倾向的因素。

　　Mobely 等（1977）提出了另一个简单的员工离职模型，认为员工的年龄、年资会通过工作满意度和找到其他工作的可能性两个变量影响员工离职倾向，并通过离职倾向间接影响员工离职行为。在这一模型中，员工工作满意度和找到其他工作的机会对离职倾向产生显著的影响作用，而员工工作满意度对离职念头、寻找工作意图有显著影响，员工的离职念头通过影响寻找工作意图，从而影响离职倾向，最终，员工的离职倾向直接影响员工的离职行为。根据Mobely 等的离职模型，当员工对工作感到不满意，且有寻找新工作的打算时，如果认为自己找到其他工作的可能性比较大，其离职的倾向就比较高；反之，如果找到其他工作的可能性较小，其离职倾向就会降低。

　　Price 和 Mueller（1981）提出的结构式离职模型是截至目前应用最广泛的一个模型。在该模型中，其他工作机会和离职倾向直接影响员工的离职行为。员工工作满意度通过影响离职倾向从而影响离职行为。而工作满意度则受到工作例行性、参与、工具性沟通、组织中友谊、待遇、分配的公平性、升迁机会等因素的影响，离职倾向受到专业化程度、一般训练程度、家庭责任和工作满意度的共同影响。该模型通过实证检验发现，离职倾向对离职行为具有显著的影响；其他工作机会与离职行为呈正相关；工作例行性和工作满意度呈负相关；工具性沟通、组织中的友谊、待遇、分配的公平性、升迁机会和工作满意度呈正相关；专业化程度和一般训练程度与离职倾向呈负相关；工作满意度与离职倾向呈负相关；家庭责任和离职倾向呈正相关。该模型的特点是：其一，该模型考虑了多种影响因素对员工离职行为的影响，对员工个人的内在的思考过程考虑不多；其二，该模型将影响员工离职行为的个人因素和组织因素都纳入了讨论范畴，为后来的研究者提供了理论依据。

Abelson（1986）提出了一个整合离职过程模型，认为员工离职是一个动态的过程，员工离职决策过程受到个人、组织、环境等相关因素的影响。其中个人、组织因素会影响员工整个离职决策过程，而环境因素则对寻找新工作、比较现有工作和未来工作的优劣有较大的影响力。Abelson 进一步指出，在影响员工离职的因素中，可能有一个主要的影响因素在发挥作用，也可能是多个因素的影响促使员工做出离职行为。具体来说，员工对工作满意度降低，可能是个人原因，也可能是组织因素的影响，于是，员工产生了离职的想法，打算寻找新的工作机会，这个时候，环境因素开始对员工决策产生影响，致使员工找到了未来的工作机会，最后，员工需要将现在工作和未来工作进行比较，并做出最终决定。Abelson 的整合离职过程模型为管理者控制员工离职过程的发展提供了理论依据。

三 离职倾向的相关研究

离职倾向是员工离职行为最重要的预测变量，因此，学术界在对离职倾向一词进行深入分析的同时，还将其引入组织行为的实践中进行实证检验。

对员工离职倾向影响的因素较多，大体上可以分为四类：即个体因素、工作态度因素、组织因素和环境因素。

（一）个体因素

个体因素是影响员工离职倾向的重要因素，一般包括员工的年龄、工作年限、婚姻状况等。Marsh 和 Mannari（1977）、Mobley 等（1978）研究发现，年龄与离职倾向呈负相关，即年龄越大则离职倾向越低，相对而言，年龄越大，工作机会就越小，就越不敢离职。台湾学者柯惠玲（1989）研究发现，已婚者的离职倾向显著低于未婚者。一般来说，已婚员工需要承担家庭经济责任，不会轻易产生离职念头。因此，个体因素是影响员工离职倾向的重要因素。

（二）工作态度因素

员工个人的工作态度变量是影响其离职倾向的关键因素。工作满意度更是学术界研究员工离职倾向的重要变量。多数实证研究结果显示，员工对工作的不满意是造成其产生离职倾向并做出实际离职行为的主要原因。Price（1977）、Marsh 和 Mannari（1977）、Mobley 等（1978）研究发现，整体工作满意度与离职倾向呈负相关。因此，工作满意度对离职倾向有显著负面影响。Brown 和 Leigh（1996）认为工作投入与员工离职倾向呈显著负相关。一般而言，高度工作投入的员工，其离职率比较低。组织承诺是员工对组织的内心眷恋程度，多数学者研究发现组织承诺是影响员工离职倾向的重要变量（Cropanzano et al.，2003；Meyer et al.，2002）。

（三）组织因素

影响员工离职倾向的组织因素主要包括组织政治、组织认同、组织公平等。组织政治被认为与员工的自利行为有关。Cropanzano等（1997）认为当员工感知到组织中的政治行为时，产生的离职倾向有可能是实际行动，也有可能是心理离职。Kacmar 等（1999）通过实证研究发现，组织政治知觉对员工离职行为有显著的正向影响。当员工意识到组织中的政治行为时，会造成其员工离职意愿的增加。组织认同是员工基于对自身与组织一致性的认知，Bamber 和 Lyer（2002）认为组织认同能够显著降低员工的离职倾向。因此，组织认同与员工的离职倾向呈负相关。Bluedorn（1982）在离职综合模型中提出，组织的升迁机会、集权、组织正式化、组织沟通、报酬、例行化、成员整合等组织因素对员工的离职倾向均产生间接的影响作用。Price（1977）在研究中认为薪资、整合、工具性沟通、正式沟通、集中化等组织因素均通过工作满意度对员工自愿离职产生影响。

（四）环境因素

环境因素也被认为是影响员工离职倾向的重要因素。Bluedorn（1982）认为环境机会和以前的环境机会对员工的离职倾向产生间接的影响作用。Price（1977）在研究中提出，外在的工作机会和员工工作满意度共同对员工自愿性离职产生影响。Mobley（1978）提出，员工在外找到其他工作的可能性会对员工离职倾向产生直接影响。因此，根据以上文献回顾，我们认为环境因素应该是影响员工离职倾向的重要变量。

第八节　工作满意度理论

员工工作满意度在企业管理和组织行为中扮演着非常重要的角色，已经成为企业人力资源管理的焦点。大量研究证明，员工工作满意度能够提高员工组织承诺、增加工作投入、降低员工的离职率，最终对企业绩效产生重要的影响。因而，员工满意度一直是学术界研究的重点，因此，把工作满意度作为一个重要的变量引入研究具有重要的现实和理论意义。

一　工作满意度的内涵

工作满意度的研究最早可以追溯到 20 世纪 30 年代的霍桑实验，但是对工作满意度的正式研究却始自美国的 Hoppock，Hoppock（1935）在 "*Job Satisfaction*" 一书中首次提出工作满意度的概念。他把工作满意度看作心理状态的单一概念，是员工在心理和生理两方面对工作环境的满意程度，也就是员工对工作环境的主观反映。Vroom（1964）把工作满意度看作员工对其工作角色的正面取向，正面取向代表工作满意度，负面取向则代表不满意。Blum 和 Naylor（1968）认为，工作满意度是员工对其工作、生活以及相关因素所持的不同态度的产物。Cribbin（1972）提出工作满意度是员工对其工作本身、主管工作团体、生活等工作环境的感知。McCormick 等（1974）认为工作满意度是指员工从工作中所获取的需求满足感。Porter 等（1968）则从另一个角度对工作满意度进行界定，认为工作满意度是员工所实际获得的报酬与他认为自己应得的报酬之间的差距决定的，这种感觉主要取决于个人的主观需求。一般来说，员工期望与实际报酬的差距越小，则满意度越高；差距越大，满意度越低。Smith 等（1969）也认为工作满意度是指员工对其工作的感觉、感受或情感性反应，这种感觉是来自工作环境中实际获得的报酬与其预期的报酬的差距。Locke（1976）对工作满意度的定义又有不同，他把工作满意度看作员工评估自己的工作或工作经验而产生的愉悦或正向情感反应。

工作满意度是组织行为学中一个非常重要的概念。尽管几十年来学者们对工作满意度进行了深入的研究，但由于学者们在研究工作满意度时的研究目的、对象，理论依据、研究范围和重点都存在差异，从而形成了不同的定义。不过将工作满意度的概念归纳起来大致可以分为三类：一是整体性概念，就是对工作满意度做一般性的解释，侧重描述员工对其工作环境所持有的态度。二是期望差距概念，该定义把员工在实际工作中获取的报酬和期望获取的报酬进行对照，以决定满意程度。三是参考架构概念，员工对工作的满意度受员工个人的自我参考架构的影响。

二　工作满意度的相关研究

（一）影响工作满意度的因素

影响工作满意度的因素很多，大体上可以分为个体因素和环境因素。Herzberg（1959）认为影响员工满意度的因素有两个，即保健因素和激励因素。保健因素包括公司的政策、薪资、人际关系和工作环境等；激励因素包括成就感、他人的认同、工作本身、职责和个人成长等。Cron（1986）把薪资、升迁、同事、工作本身和主管督导看作影响员工工作满意度的因素。Mason（1995）的研究结果表明，女性在总体工作满意度、待遇等方面的满意度显著高于男性，而在另一些方面则恰好相反。在 Ferris 等（1989）所提出的组织政治模型中，认为当组织政治知觉增加时，员工的工作满意度将降低。

（二）工作满意度的影响作用

现有的研究发现工作满意度的结果变量有离职率、组织承诺、工作绩效、组织公民行为等。Mobely 等（1977）在员工离职模型中，提出员工的工作满意度直接影响其离职倾向。Douglas（1999）研究发现，教师离职行为与工作满意度及组织承诺具有显著关系。Seashore 等（1975）认为工作满意度的结果变量有个人反映变量、组织反映变量、社会反映变量。Parnell 和 Crandall（2003）在工作满意度、组织承诺、组织公民行为和离职倾向等的研究中发现这些变量之间都有一定的相关性。张建人等（2017）的研究表明，工作满意对社区工作人员工作绩效具有显著的正向预测作用。

第九节　组织承诺理论

组织承诺的重要性是不言而喻的，虽然国内外学者们对组织承诺的理解存在差异，但是都比较认同组织承诺反映员工对组织的忠诚程度，可以用来测量员工继续留在组织中的意愿。组织承诺不仅影响到员工对组织的投入，更有助于降低员工的流动率和提升组织公民行为。因此，多年来组织承诺一直是组织关系中的一个重要研究变量。

一　组织承诺的内涵

组织承诺是指员工对组织的承诺。过去学者们在对组织承诺进行研究时，为组织承诺赋予了很多定义。最早研究组织承诺的是贝克（Becker，1960），他认为组织承诺是员工计算个人对组织投资的回报。员工在组织中工作的时间越长，就越不会轻易离开该组织，从而待在该组织中，继续为该组织服务。Kanter（1968）把组织承诺看作员工对组织奉献心力和对组织忠诚的程度。Sheldon（1971）指出组织承诺是员工和组织成为一体的员工的态度或倾向，用投资和投入来解释组织承诺形成的历程，员工对组织的投入越多，他就越倾向于待在组织中。Porter、Steers、Mowday 和 Boulian（1974）认为组织承诺是员工对特定组织的认同或投入的相对强度，认为组织承诺至少包括三个要素：接受组织目标与价值观的程度；为组织利益努力的程度；愿意成为员工的强度。Salancik（1977）把组织承诺看作员工由于自己过去的行为而产生的一种对组织的投入。Porter、Mowday 和 Steers（1979）将组织承诺定义为员工对组织的一种态度或肯定性的内心倾向，它是个人对某一特定组织感情上的依附和参与该组织的相对程度。Morrow（1983）把组织承诺看作员工认同组织目标和价值观，愿意为组织做出贡献，而且非常乐意留在组织中。Meyer 和 Allen（1987）指出组织承诺是员工因为情感等心理因素所产生的忠诚行为，也是因为对利益成本的认知而产生的忠诚行为，以及因为道义等因素所产生的忠诚行为。Reyes（1990）认为组织承诺是员工认同组织价值观，愿意为组织做出贡献和留在组织里的强烈程度。Robbins（2001）提出组织承诺是员工认同特定组织以及组织目标，并愿意留在组织工作的程度。国内学者凌文辁等（2001）将组织承诺看作员工对组织的一种态度，它可以用来解释员工留在组织里的原因，是检验员工对组织忠诚度的指标。

二 组织承诺的相关研究

（一）影响组织承诺的因素

影响员工对组织承诺的因素很多，Mowday 等（1982）提出的组织承诺前因后果模型中，认为个人特征、工作特征、结构特征和工作经验四类因素会影响员工的组织承诺。Steers（1977）的研究

结果显示，员工的受教育程度越高，其组织承诺越低。林证琴
（1999）研究表明，员工的年龄、受教育程度和级别等因素与组织
承诺有关，具体来说，年龄与组织承诺成正比，年龄越大，组织承
诺越高；受教育程度越低，组织承诺越高；级别越高，组织承诺越
高。组织因素也是影响组织承诺的重要因素。Drory 和 Amos
（1993）就认为组织政治知觉会影响员工的工作态度，员工的组
织政治知觉越高，其组织承诺就越低，而且与职位较低员工的负相
关的程度越大。台湾学者侯堂柱（1991）在研究变革型领导、组织
承诺与组织公民行为之间的关系中发现，变革型领导与组织承诺显
著正相关。凌文辁等（2006）在对企业员工的组织支持感的研究中
发现组织支持感中的工作支持因子对员工的感情承诺有较好的预测
作用。郑晓涛等（2008）在研究员工组织内信任对其工作态度的影
响时发现员工对上级信任和对组织的信任对组织承诺有正面的
影响。

（二）组织承诺的影响作用

国内外许多学者在研究中发现员工组织承诺对工作绩效、离职
倾向等都有显著的影响。Steers（1977）在研究组织承诺的前因和
结果变量时认为组织承诺感高的员工会在工作绩效上付出更多的努
力，因此组织承诺感高的员工会有较佳的绩效。Chen 和 Francesco
（2003）在研究组织承诺的三个维度与工作绩效的关系时发现情感
承诺对员工角色内绩效和组织公民行为有正向影响作用；持续承诺
对员工组织公民行为有负向影响作用，但是对角色内绩效没有影
响；规范承诺在情感承诺与角色内绩效和组织公民行为之间起缓冲
作用。Morries 和 Sherman（1981）在研究组织承诺的一般模型时指
出，组织承诺对员工绩效和离职倾向均有预测作用。Porter 等
（1974）认为员工的组织承诺有利于组织，而且组织承诺比工作满
意度更能预测离职倾向。

第十节 本章小结

本章是本研究的理论基础也是文献综述，内容涉及组织信任、组织政治知觉、组织公平、组织变革、组织气候、变革型领导、离职倾向、工作满意度和组织承诺 9 个变量。近年来，学者们对组织信任表现出浓厚的兴趣，但是关注的是组织中的人际信任，缺乏对组织中系统信任的研究。众多学者对影响人际信任的因素进行了卓有成效的研究，而对组织系统信任的影响因素研究却少有人问津。即使是对组织人际信任的研究，综合学者们的研究可以发现，理论模型相当缺乏，现有的研究往往不能包含企业组织信任的前因、效应和作用。因此，本研究拟在文献研究和访谈的基础上构建企业员工组织信任的"前因—效应—作用"模型。

第三章　研究设计

　　本研究期望通过实证研究，分析企业员工组织信任的前因、效应及其作用。因此，在研究设计上，选取了统计分析方法、访谈研究、问卷设计和数据分析。统计分析方法包括相关分析、回归分析、信度分析、效度分析和结构方程模型分析。访谈研究主要包括研究目的、访谈对象、访谈设计、访谈结果和访谈结果总结。问卷设计主要包括问卷的总体设计、问卷变量题项的选择以及正式调查问卷的形成。数据分析主要包括大样本的数据收集、数据结构、数据描述和信度、效度检验。

第一节　统计分析方法

　　根据本研究设计，在模型检验时主要涉及的统计分析方法包括相关分析、回归分析、信度分析、效度分析和结构方程模型分析等。本研究统计分析软件采用 SPSS11.5 和 LISREL8.71 软件。

一　相关分析

　　相关分析是用来研究变量和变量之间密切程度的一种统计方法（李志辉、罗平，2005）。它包括双变量相关分析（Bivariate Correlation）、偏相关分析（Partial Correlation）和距离相关分析（Distance）。双变量相关分析是相关分析中最常用的，它可以用来分析多个变量之间的关系，而且可以给出两两相关的分析结果。本研究也不例外地选择这种方法。双变量相关分析能提供每个变量的均数和标准差以及皮尔逊（Pearson）相关系数、斯皮尔曼（Spearman）和肯德尔（Kendall）秩相关系数等相关关系统计量来说明相关的密切程度和线性相关的方向。其中，Pearson 相关系数适用于连续型的变量。本研究选择 Pearson 相关系数来分析变量之间的相关关系。Spearman 等级相关系数和 Kendall 秩相关系数可以用来测量两个变量间秩次的关系。相关系数的显著性检验分为 Two – tailed（双侧显著性检验）和 One – tailed（单侧显著性检验），本研究选择双侧显著性检验。本研究主要用相关分析统计技术来检测组织信任、组织公平、组织政治知觉、组织变革、组织气候、变革型领导、组织承诺、工作满意度和离职倾向之间的相关关系，即检验变量之间的关系是否有数据的支撑。首先，要检验组织信任与组织公平、组织政治知觉、组织变革、组织气候、变革型领导之间的相关关系；其次，要检验变革型领导、组织政治知觉、组织公平、组织信任之间的相关关系；再次，要检验组织信任、变革型领导、组织政治知觉、组织公平、工作满意度、离职倾向之间的相关关系；最后，要检验组织信任、组织承诺、工作满意度和离职倾向之间的相关关系。

二　回归分析

回归分析也是研究随机变量之间的相关关系的一种统计方法。其用意是研究一个或多个自变量与一个因变量之间是否存在某种线性或非线性关系（李志辉、罗平，2005）。回归分析包括线性回归分析（Linear Regression）、曲线参数估计法（Curve Estimation）等。最常用的回归分析是线性回归分析，它是基于最小二乘法原理产生古典统计假设下的最优线性无偏估计，主要用来研究变量之间的线性相关关系。按照影响因变量的自变量的个数来划分可以将其分为一元线性回归和多元线性回归。

回归分析一般能够解决以下三个问题：其一，确定回归方程式或数学模型，因为它能够确定自变量和因变量之间的关系。其二，能够发现影响因变量的显著的自变量因素，从自变量影响因变量的不同显著水平中可以找到重要影响变量。其三，可以预测或控制因变量的取值和精度，因为在控制可控变量的数值的前提下，运用数学模型就可以做到。

在 SPSS 统计分析软件中，学者可以根据需要选择不同的建立多元线性回归模型的方法，包括强迫进入法（Enter）、逐步回归法（Stepwise）、强迫剔除法（Remove）、后向消去法（Backward Elimination）及前向逐步法（Forward Selection）。其中强迫进入法（Enter）、逐步回归法（Stepwise）是研究者最常用的两种多元回归分析方法，本研究采用逐步回归法（Stepwise）来考察企业员工组织信任的影响因素，以期找到影响员工组织信任的重要因素。

为了保证正确地使用模型并且得到科学的结论，在回归分析之前首先检查数据之间的残差、共线性。一般采用 Durbin – Watson 统计值来检验残差的独立性，用"容忍度"和"方差膨胀因子"（VIF）来检验变量的多重共线性，用残差的散点图来检验数据间的线性关系，并用残差的直方图和累计概率图来检验数据是否服从正态分布。对于回归模型的检验，SPSS 提供回归参数的显著性检验（t 检验）、回归方程的显著性检验（F 检验）以及拟合优度检验（复相关系数 R、R^2、调整的 R^2）。

三　信度分析

所谓测量的信度（Reliability），是指测量的可靠程度。它表现为测量结果的一致性、再现性和稳定性（凌文辁、方俐洛，2003）。它对于同一的测量对象，运用同样的测量工具得到同样测量数据（结果）的可能性。常用的信度指标包括稳定性（Stability）、等值性（Equivalance）和内部一致性（Internal Consistency）（李怀祖，2005）。内部一致性指标在问卷法观测数据中经常被研究人员采用，它关注不同的测量项目所带来的测量结果的差异。内部一致性的评价通常采用折半法、库德—理查森公式 20（KR20 法）和克隆巴赫系数（Cronbach's α 系数法）。一般认为 Cronbach's α 系数介于 0.65—0.70 比较可靠，表示可以接受；介于 0.70—0.80 表示相当好；介于 0.80—0.90 表示非常好。不过，Nummally（1978）认为，若 Cronbach's α 达到 0.6 就可以接受。

纠正条款的总相关系数（Corrected Item – Total Correction，CITC）是指在同一变量维度下，每一测量项目与其他所有测量项目之和的相关系数。它是判断某一条款归于特定结构变量是否具有较好内在一致性的一个良好指示器，是净化处理"垃圾测量题项"的工具。一般认为 CITC < 0.5 时，就应该删除该题项，也有学者认为 CITC = 0.3 时就可以达到研究的目的（卢纹岱，2002）。总之，本研究在对样本进行信度分析时，首先采用纠正条款的总相关系数（CITC）净化测量题项，当 CITC < 0.5 时，删除该题项就可以增加 a 值予以删除（卢纹岱，2002）；其次，选用 Cronbach's α 系数来检验结构变量衡量题项的信度。

四　效度分析

所谓效度，就是测量对所测定的某种行为特征能够确实的测定到的程度，即对某种行为特征测量的准确程度。因此，有学者认为测量的效度就是对测量本身的测量，也就是测量的结果对它所欲完成的目标能达到怎样的程度（凌文辁、方俐洛，2003）。在实证研究中，评价效度的指标主要有内容效度（content validity）和结构效度（construct validity）。

Bock 和 Kim（2002）认为，内容效度是指每个测量题项的设置要有代表性和综合性，要特别重视它产生的背景。因此，对内容效度的判断，在很大程度上就要看测量题项的来源。在实证研究中，为保证测量工具的内容效度，一般采取文献分析和访谈研究相结合的方法。具体来说，首先，对研究所涉及变量的测量题项的设置，在对研究对象进行访谈的基础上，参考相关研究文献，特别是国际顶级期刊上发表的论文，对已有的成熟测量工具修正后采用。其次，邀请相关专业人士对测量题项与欲测的项目在内容上是否相符进行判断。本研究对测量题项的内容效度也采用上述方法进行控制。

Boudreau 等（2001）把结构效度看作测量工具中的测量项目在多大程度上反映被研究的理论概念。也就是说，结构效度是以测量理论概念为目的而编制的测量效度。在实证研究中，对结构效度进行评价主要包括收敛效度（convergent validity）和区别效度（discriminant validity）。

收敛效度一般被认为是测量同一概念的不同测量题项的一致性程度（Simonin，1999），即测量同一概念的不同题项的得分之间应该具有较高的正相关。区别效度是指测量不同概念的不同题项的得分之间应该具有较低的正相关。Simonin（1999）把区别效度看作不同测量因子之间的差别程度。区别效度是与收敛效度相对应的概念，它们都是评价结构效度的指标。在实证研究中，一般采用探索性因子分析法（Explorative Factor Analysis，EFA）和验证性因子分析法（Confirmatory Factor Analysis，CFA）来评价收敛效度和区别效度。

五 结构方程模型分析

结构方程模型（Structural Equation Model，SEM）是一种综合运用多元回归分析、路径分析和确认型因子分析方法而形成的一种统计方法（李怀祖，2005）。它可以用来处理复杂的多变量研究数据的探索与分析，即可以处理一个或多个自变量和一个或多个因变量之间的关系。进一步而言，它可以同时进行潜变量的估计与复杂自变量/因变量预测模型的参数估计，而且 SEM 可以用来检验研究人员提出的理论模型，从而为研究人员选择最佳的研究模型提供了可能。

SEM 分析的基本程序可以概括为模型发展与估计评价两个阶段

（邱皓政、林碧芳，2009）。在模型发展阶段：首先，SEM 模型必须建立在理论分析的基础上。研究者通过对概念的界定、文献整理和推导来确定假设。其次，在理论分析的前提下建立 SEM 的路径图。最后，建立的假设模型一定要能够识别，只要这样 SEM 分析才能进行。在模型的估计评价阶段，样本对 SEM 分析至关重要。因此，研究者一定要选择好样本，以确保测量的准确性。同时，研究者要根据 SEM 分析工具提供的相关信息进行模型优化。

SEM 模型评估的方法，归纳起来有 40 多种拟合指数，其中大部分是建立在 χ^2（卡方）的基础上的。χ^2 可以用来恰当地反映模型的拟合优度，不过对于参数过少或过多的误设模型，样本容量会影响检验结果和 χ^2 值。在实证研究中常用来评价模型的拟合指数有：χ^2/df（df 为自由度），曾有人认为，当 χ^2/df 在 2.0—5.0 时，可以接受模型，侯杰泰、温忠麟和成子娟（2004）指出，由于 χ^2/df 容易受到样本容量的影响，对于评价单个模型的作用不大，认为 χ^2/df 在模型比较时具有参考价值；标准化残差均方根（SRMR），Hu 和 Bentler（1998）提出当 SRMR <0.08 时，认为模型可以接受，当 SRMR >0.08 时，则认为模型拟合得不好（转引自侯杰泰、温忠麟和成子娟，2004）；近似误差均方根（RMSEA），Steiger（1990）认为，RMSEA <0.1 表示好的拟合，RMSEA <0.05 表示非常好的拟合，RMSEA <0.01 表示非常出色的拟合（转引自侯杰泰、温忠麟和成子娟，2004）；GFI 指数，邱皓政、林碧芳（2009）认为 GFI 指数（拟合优度指数）是反映绝对拟合最佳的指数，数值越大，表示实际观察的协方差矩阵能够被假设模型解释的百分比就越高，模型拟合度也就越佳，因为 GFI 指数的性质就相当于回归分析的 R^2；相对拟合指数 NNFI（非标准化拟合指数）、CFI（比较拟合指数），温忠麟、侯杰泰和 Marsh（2004）也推荐使用相对拟合指数 NNFI、CFI，一般认为相对指数大于 0.9 时就被认为模型可以接受。本研究采用 LISREL8.71 软件对结构方程模型和假设进行检验。

第二节　访谈研究

访谈法是研究人员通常利用电话或面对面与访谈对象进行交流来获取有关对方心理和行为特征数据的研究方法，是社会科学中应用最广泛的一种收集资料的方法。通过与被访谈者进行交流，可以帮助研究人员发现一些现象之间的内在联系以及避免因文献阅读不完全而遗漏某些重要因素。同时，借助小样本访谈来修改问卷，也是问卷形成的必要途径（马庆国，2002）。

一　研究目的

考虑到中国与西方的文化差异，在大规模实证研究前，选择小量样本进行半结构化访谈，目的是对研究构思进行验证和修订，研究变量的内涵设定等。具体来说，本研究采用访谈法的目的有二：一是确定企业员工组织信任的影响因素；二是确定各研究变量的具体内涵。对上述变量的了解有助于确定研究的构思，同时为下一步具体测量提供理论依据。

二　访谈对象

本研究于 2008 年 5 月以企业员工组织信任为主题进行访谈。笔者为了做好这次访谈，充分动员身边的朋友，通过朋友的帮助与访谈对象取得联系，所有的被访谈者都是碍于笔者或朋友的面子参与进来的。本次访谈的对象主要来源于中国联通湖南长沙分公司、沙伯基础创新塑料中国有限公司、特变电工衡阳变压器有限公司等。访谈样本共计 21 人，40 岁以下有 16 人，大部分具有大专以上学历，以普通员工为主（见表 3-1）。

表 3 – 1　　　　　　　　　　　　样本特征的分布情况

		样本量	所占百分比（%）
性　别	男	12	57.1
	女	9	42.9
年　龄	30 岁以下	10	47.6
	31—40 岁	6	28.6
	41 岁以上	5	23.8
受教育程度	高中以下	3	14.3
	大专	8	38.1
	本科及以上	10	47.6
职　位	普通员工	13	61.9
	中层及以上员工	8	30.1

三　访谈设计

根据访谈结构的不同，可以将访谈区分为结构化访谈、半结构化访谈和非结构化访谈。结构化访谈一般是研究人员事先准备好访谈提纲，准备好提问的问题，被访谈者对这些问题进行回答，研究人员做好记录并进行整理的访谈方法。这种访谈方法会限制访谈者对问题的回答。非结构化访谈又叫探索性访谈，是指研究人员只设定一个主题，被访谈者可以随意回答和发挥，研究人员事先不需要准备一套标准问题，也不需要预先给定答案的访谈方法。这种访谈方法能够获得较丰富的资料，但后期的资料整理工作比较烦琐。介于结构化访谈和非结构化访谈之间的就是半结构化访谈方法，采用这种方法，研究人员对访谈的结构和内容有一定的控制作用，但同时又可以让被访谈者自由发挥。本研究根据研究的目的，决定采用半结构化访谈方法。

本访谈主要围绕以下五个问题展开：

第一，了解被访谈者认为影响其对组织信任的因素有哪些。

第二，了解被访谈者对组织信任、组织公平、组织支持、组织政治知觉、组织气候、组织变革知觉、领导风格、组织沟通、组织集权度、组织正式化、组织文化、职业生涯管理、组织承诺、工作满意度和离职倾向等变量内涵的理解。

第三，要求被访谈者对影响员工组织信任的因素，如领导风格、组织支持、组织公平、组织沟通、组织集权度、组织正式化、组织政治知觉、组织变革知觉、组织氛围、组织文化、职业生涯管理进行排序，挑出他（她）认为比较重要的影响因素。

第四，了解被访谈者对企业员工组织信任影响作用的看法。

第五，了解被访谈者的相关背景资料，主要是人口统计资料。

访谈研究中，根据访谈的目的拟定了访谈提纲，包括所要提问的问题、提问的次序及一些附加或试探性问题。在正式访谈前，一般要做好如下准备工作：首先，通过熟人介绍与被访谈者取得联系，事先对被访谈者的基本情况应有所了解；其次，约定具体访谈时间，一般选择在被访谈者工作时间之余，以确保访谈时能够顺利进行，对于不能面对面进行访谈者，采用电话或其他方式进行访谈；最后，要准备好记录工具，包括笔记本和录音笔，在访谈前要征求被访谈者的意见，是否可以进行录音。在做好上述工作后，就可以开始访谈了。

正式访谈时，研究人员一是介绍本次访谈的目的，以及访谈的主要内容，并向被访谈者说明访谈资料仅用于学术目的。二是研究人员向被访谈人员提出第一个问题，要求其谈谈影响他（她）对组织信任的因素主要有哪些，并请被访谈人员就一些研究变量谈谈自己的理解与看法。三是要求被访谈人员对研究人员所列出来的影响员工组织信任的因素进行排序，列出其中他（她）认为比较重要的因素。四是请被访谈者谈谈员工组织信任对他（她）工作态度的影响。五是请被访谈人员介绍自己的基本情况。在访谈的同时，研究人员自己做好相关记录。访谈结束后，研究人员询问被访谈人员是否还有需要补充的地方，并感谢被访谈者的配合。

四 访谈结果

根据研究的目的，本研究对访谈者的回答进行了整理，具体如下：

（一）关于企业员工组织信任的影响因素

在未提示的情况下，要求被访谈者提出他们认为影响员工组织信任的因素。19 位被访谈者认为企业领导和组织公平是影响员工对组织信任的关键因素，这也说明领导和公平的重要性。有 16 位访谈者谈到了工作中人际关系和企业政治行为的影响。12 位被访谈者认为企业改革会影响他们对组织的信任感。此外，也有多位被访谈者提到了企业对他们的工作支持、职业生涯规划、企业文化的重要影响。也有少数被访谈者认为沟通不畅、企业高度集权也会影响员工对组织的信任。

（二）关于对组织信任、组织公平、组织政治知觉等变量内涵的理解

大多数被访谈者对组织集权度、组织正式化、组织文化、职业生涯管理、组织承诺等变量感到非常陌生，不能很好地理解。20 位被访谈者把员工对组织信任看作员工对单位的信赖，认为单位不会对自己做不利行为。17 位被访谈者把组织公平看作对付出与回报的公平。16 位被访谈者认为组织气候主要指同事之间的关系。16 位被访谈者谈到组织政治时都认为它是一种自私的行为，这种行为对单位肯定是没有好处的。15 位被访谈者认为能够关心下属，做事公平、公正，有个人魅力，有专业能力，有亲和力，信守承诺的领导比较受下属爱戴。13 位被访谈者认为组织变革对员工影响很大，而且认为是一种负面影响，也有 5 位被访谈者认为组织变革对自己影响不大，对组织变革能够理解。工作满意度被访谈者看作对工作环境的总体评价。离职倾向被访谈者看作想离开现在工作单位的强度。

（三）影响员工组织信任比较重要的因素

在给予提示的情况下，所有被访谈者都提到了组织领导和组织
公平对员工信任组织的重要性，其次是组织政治知觉、组织气候和
组织变革。另外，多位被访谈者提起的变量有组织支持、组织沟
通、职业生涯规划等。

（四）员工组织信任对其工作态度的影响

在访谈中，被访谈者多次提到员工组织信任会产生积极的行为。
员工对组织的信任程度会影响他们的工作态度。他们认为员工组织
信任与工作态度之间存在某种因果关系。同时，他们也认为如果一
个员工对自己工作的单位已经不再有信任感时，他就很有可能想离
开单位。当然，如果员工非常信任自己的工作单位，一般不会离开
单位，而且会更加努力地工作，对单位的事情也非常关心。

五　访谈结果总结

本次访谈应该说达到了预期的目的，首先，通过访谈我们总结
得出：组织公平、组织政治知觉、领导风格、组织变革、组织气候
等是影响员工组织信任的重要因素，这与前文我们对文献进行整理
得出的结论比较相似，证明我们对员工组织信任影响因素的选择是
合适的。其次，我们进一步明确了组织信任、组织公平、组织政治
知觉、组织气候、组织变革、领导风格、组织承诺、工作满意度和
离职倾向等变量的内涵，为后文对测量工具的选择提供了依据。最
后，验证了员工组织信任与其态度之间的关系，对研究模型的构建
提供了实践依据。

第三节　研究的概念模型

基于第二章的理论回顾与分析，结合深度访谈的结果，本研究
建立如下概念性研究框架（模型的理论基础分别在第四章、第五

章、第六章和第七章进行论述)。本研究主要内容包括以下五个部分。

一 研究一：企业员工组织信任的主要影响因素

探讨影响企业员工组织信任的主要因素是整个研究的首要问题，本部分研究主要运用回归分析的方法，探讨企业员工组织信任的主要影响因素（见图3-1）（该模型的理论基础具体见第四章）。

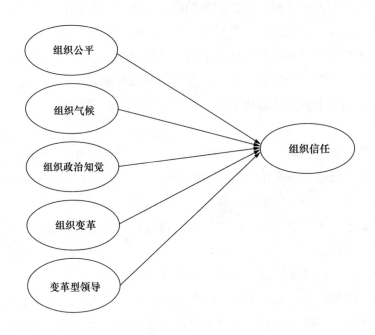

图3-1 研究一理论模型

二 研究二：变革型领导对企业员工组织信任的影响机制

本研究在研究一的基础上，进一步探讨企业员工组织信任影响因素内部的作用机制（见图3-2）。本部分内容运用结构方程模型方法，首先探讨变革型领导对企业员工组织信任的直接影响；其次考察组织公平、组织政治知觉在变革型领导和企业员工组织信任之间的中介效应（该模型的理论基础具体见第五章）。

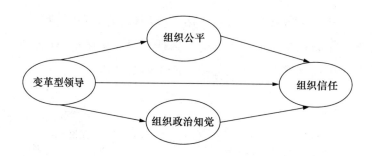

图 3 - 2　研究二理论模型

三　研究三：企业员工组织信任的中介效应

本研究重点探讨员工组织信任在影响变量与它的结果变量之间的作用（见图 3 - 3）。本部分内容运用结构方程模型方法，首先考察组织信任在组织政治知觉、组织公平和变革型领导对企业员工工作态度中的中介效应；其次考察组织政治知觉、组织公平和变革型领导对企业员工工作态度影响的直接效应（该模型的理论基础具体见第六章）。

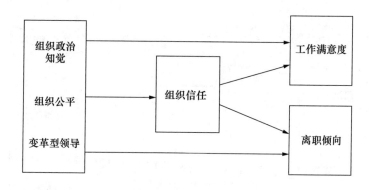

图 3 - 3　研究三理论模型

四　研究四：组织信任对企业员工工作态度的影响机制

本研究在上述研究的基础上进一步探讨企业员工组织信任的作用（见图 3 - 4）。运用多元回归分析的方法，首先探讨企业员工组织信任对其工作满意度、组织承诺和离职倾向的直接影响作用；其次考察工作满意度在企业员工组织信任与组织承诺和离职倾向之间的中介效用（该模型的理论基础具体见第七章）。

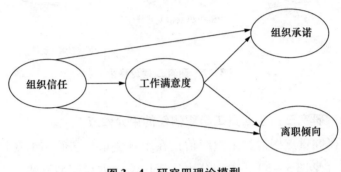

图3-4 研究四理论模型

五 综合模型

基于以上研究，我们将四个研究模型进行综合，就形成企业员工组织信任的"前因—效应—作用"模型（见图3-5）。

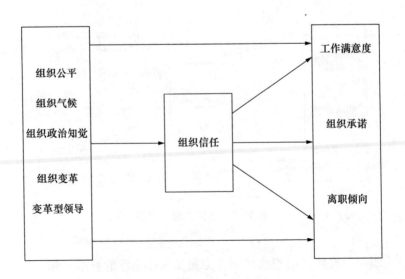

图3-5 企业员工组织信任综合模型

第四节　问卷设计与开发

一　问卷设计

本研究主要采用问卷进行调查研究，问卷设计的好坏直接关系到研究的成败。邱政浩等（2009）在分析结构方程统计方法时指出，分析能否顺利进行并获得稳定而可靠的结果，首要的工作就是要能够掌握完整、准确而有效的测量数据。他还认为 SEM 分析的结果与样本结构及测量质量密切相关，即具有样本的依赖性。因此，问卷的设计至关重要。李怀祖（2005）认为问卷设计总的原则是尽可能简单明了，便于回答和有吸引力，所提问题应遵循"一个问题只包括一个明确界定的概念"的原则，不能有多重含义。同时，他还指出问卷设计不能带有倾向性，不能提有可能使作答者难以真实回答的问题，也不能把未经确认的事情当作前提假设等。本研究的问卷设计遵循李怀祖（2005）的问卷设计原则，尽可能地提高问卷的信度和效度。本研究的调查问卷内容包括十部分：第一部分是对组织公平的测量，旨在了解员工对组织公平的评价；第二部分是对员工组织政治知觉的测量，旨在了解员工对组织政治的知觉；第三部分是对组织变革的测量，旨在了解当员工面临组织变革时的反应；第四部分是对变革型领导的测量，旨在了解员工对领导的评价；第五部分是对组织气候的测量，旨在了解员工对工作氛围的看法；第六部分是对组织信任的测量，旨在了解员工对组织的整体信任程度；第七部分是对组织承诺的测量，旨在了解员工对组织的情感承诺；第八部分是对工作满意度的测量，旨在了解员工对工作的满意程度；第九部分是对离职倾向的测量，旨在了解员工的离职意愿程度；第十部分是对人口统计变量的测量，旨在了解答题者的个人情况。问卷的具体情况请参看"附录：调查问卷"。本研究调查问卷是在文献研究和访谈研究的基础上形成的，在正式调查之前，对问卷进行了小样本的前测和再测。具体设计过程如图 3 - 6 所示。

图 3 - 6　问卷设计流程

二　问卷的变量和测量题项

在前文文献研究和个人访谈的基础上，笔者构建了本研究的概念模型。为了确保设计出的问卷具有较好的内容效度和结构效度，笔者参考 Churchill（1979）、Anderson 和 Gerbing（1988）等的建议，按照以下步骤获取测量题项：第一步，根据所要测量的变量，查阅国外顶级期刊，寻找到合适的成熟量表。如组织信任测量题项主要参考 Robinson（1996）的研究，组织公平测量题项主要参考 Niehoff 等（1993）的研究，组织政治知觉的测量题项主要参考 Kacmar 和 Carlson（1997）的研究，组织气候的测量题项主要参考 Moussavi 等（1990）的研究，组织变革的测量题项主要参考 Hui 和 Lee（2000）的研究，变革型领导的测量题项主要参考 Bass 和 Avolio（1990）的研究，工作满意度的测量题项主要参考 Agho 等（1992）的研究，组织承诺的测量题项主要参考 Meyer 和 All（1997）的研究，离职倾向的测量题项主要参考 Wayne、Shore 和 Liden（1997）的研究。第二步，请留学归来的两位同学将英文题项翻译成中文，然后又将中文问卷翻译成英文，并且与原文进行对照，确保含义的一致性和语句的清晰准确。第三步，邀请 5 位在企业担任人力资源主管的人士对问卷题项进行逐一讨论，并根据他们的意见对题项进行修改。最终形成了各个结构变量的初始问卷，具体如下：

（一）组织信任初始量表的形成

组织信任是员工对组织整体的信任程度。20 世纪 80 年代以来，西方最具影响的组织信任量表有两个：分别是 Bulter（1991）编制的组织信任量表与 Cumming 和 Bromiley（1996）编制的组织信任量表。不过 Bulter（1991）编制的组织信任量表测量的是人际信任；而 Cumming 和 Bromiley（1996）编制的组织信任量表则是针对组织内部单位之间和组织之间的信任度。因此，这两个量表都不能用来测量员工对组织的整体信任程度。选择 Robinson（1996）编制的组织信任量表作为本研究的测量工具，是因为它测量的就是一种整体信任程度。员工组织信任量表的初始题项如表 3-2 所示。

表 3-2　　　　　　　　员工组织信任量表的初始题项

因子	测量题项
组织信任	T1 我相信我的单位是非常正直的
	T2 我认为我的单位对待我的态度是一致的、可靠的
	T3 我的单位总是诚实可信的
	T4 总的来说，我相信单位的动机和意图是好的
	T5 我认为单位能够公平地对待我
	T6 我的单位对我是坦率的、直接的
	T7 我完全相信单位

（二）组织公平初始量表的形成

组织公平是指员工在组织中的一种感受，是员工对组织在资源分配方面的结果是否公平的感觉。因此，本研究的组织公平侧重于分配公平。组织公平的量表主要参考了 Niehoff 等（1993）编制量表的测量题项。员工组织公平的初始题项如表 3-3 所示。

表3-3 员工组织公平的初始题项

因子	测量题项
组织公平	OJ1 我的工作安排是合理的
	OJ2 我认为我的收入水平是合理的
	OJ3 我认为我的工作量是合理的
	OJ4 总的来说，我在单位得到的奖励是非常公平的
	OJ5 我觉得我承担的工作责任是合理的

（三）组织政治知觉初始量表的形成

组织政治知觉是员工对特定组织政治氛围的感知、评价。组织政治知觉的测量量表主要参考 Kacmar 和 Carlson（1997）在研究中编制的组织政治知觉问卷。员工组织政治知觉的初始题项如表3-4所示。

表3-4 员工组织政治知觉的初始题项

因子	测量题项
组织政治知觉	OP1 在这个单位，有人为了往上爬，而扯别人的后腿
	OP2 在这个单位内，具有影响力的人或团体，没人敢冒犯
	OP3 在这里，员工的想法被鼓励坦白地表达出来，即使是批评一些行之多年的政策或规定
	OP4 这里不容只说"是"的人存在，只要是好的意见，与主管意见不同也可以说
	OP5 在这个单位，顺从有权力的人是最好的选择
	OP6 在这个单位里，最好少管别人的闲事
	OP7 在这里，有时候保持沉默，比对抗体制来得容易
	OP8 有时候告诉别人他们想听的，比告诉他们事实要好得多
	OP9 在这里，照领导的话做，比按自己的想法做更好

（四）组织变革初始量表的形成

组织变革是员工在面对组织未来的变革时，对自己未来社会地

位、工作安全的感知。组织变革的测量量表主要参考了 Hui 和 Lee
（2000）在研究中使用的问卷。员工组织变革的初始题项如表 3 – 5
所示。

表 3 – 5　　　　　　　　　　**员工组织变革的初始题项**

因子	测量题项
组织变革	OT1 在未来单位可能改革后，我担心现在的社会地位会降低
	OT2 在未来单位可能改革后，我在朋友眼中的地位可能会受到影响
	OT3 在未来单位可能改革后，我的工作可能会变得不重要
	OT4 在未来单位可能改革后，我将因此没有机会进修或培训
	OT5 在未来单位可能改革后，我可能会被调整职务或工作
	OT6 在未来单位可能改革后，我会对个人未来前景充满不安全感
	OT7 在未来单位可能改革后，未来我可能会被调降薪资
	OT8 在未来单位可能改革后，我现有的工作技能可能不足
	OT9 在未来单位可能改革后，我担心工作量可能会增加
	OT10 在未来单位可能改革后，我对未来的工作将充满无力感
	OT11 在未来单位可能改革后，我未来的工作内容将会是多样性的

（五）变革型领导初始量表的形成

变革型领导是下属对领导者感到由衷的信任、敬佩、忠诚和尊
敬，并且领导者能够激励下属注意更多工作结果的重要性，能够促
使他们在组织或团队工作中超越自己的私心，并诱发部属达到较高
的标准需求（Bass，1985）。变革型领导的测量量表主要参考了
Bass 和 Avolio（1990）所开发的多因素领导量表的测量题项，并借
鉴了国内研究变革型领导的著名学者贾良定、李超平等（2006）在
研究中使用过的变革型领导问卷。变革型领导的初始题项如表 3 – 6
所示。

表 3 – 6   变革型领导的初始题项

因子	测量题项
变革型领导	TL1 我的直属领导在完成目标的过程中显示出决心
	TL2 我的直属领导让他/她身边的下属感觉愉快
	TL3 我的直属领导为了团体（集体）利益，不计较个人得失
	TL4 我的直属领导在工作中表现出很能干、有魄力和自信
	TL5 我的直属领导向下属表达对他们高绩效的期望
	TL6 我的直属领导充满激情地讨论需要完成的任务
	TL7 我的直属领导给大家描绘鼓舞人心的未来
	TL8 我的直属领导给大家传达一种使命感

（六）组织气候初始量表的形成

组织气候是员工直接或间接对于一个特定环境的感觉。根据本研究访谈的结果，本研究的组织气候侧重于对人际关系氛围的感觉。组织气候测量量表主要参考了 Moussavi 等（1990）的组织气候量表（转引自蓝明龙，1997）。员工组织气候的初始题项如表 3 – 7所示。

表 3 – 7   员工组织气候的初始题项

因子	测量题项
组织气候	OC1 当我接受一项艰难的工作时，常常能获得同事的支持与帮助
	OC2 我认为同事在工作上的竞争是良性的
	OC3 我认为同事的工作关系是良好及友善的
	OC4 我认为同事能够通过协调合作来完成工作
	OC5 我认为同事之间能够发挥团队精神

（七）组织承诺初始量表的形成

组织承诺是员工对组织的一种肯定性的态度或内心倾向，它是员工对特定组织在情感上的依附和参与该组织的相对程度（Mowday

et al.，1979）。因此，本研究的组织承诺侧重于情感承诺。组织承诺的测量量表主要参考了 Meyer 和 All（1997）编制的组织承诺量表。组织承诺的初始题项如表 3 - 8 所示。

表 3 - 8　　　　　　　　　组织承诺的初始题项

因子	测量题项
组织承诺	C1 我乐意以后一直在这个单位工作
	C2 我喜欢和外人谈论我的工作单位
	C3 我觉得单位的问题好像就是我自己的问题
	C4 我想我不会很容易地像喜爱这家单位一样喜爱另一家单位
	C5 在单位里，我觉得自己是"大家庭里的一员"
	C6 我觉得在感情上属于这个单位
	C7 这个单位对我来说具有重要的个人意义
	C8 我有很强的"属于该单位的人"的感觉

（八）工作满意度初始量表的形成

工作满意度被认为是员工对工作本身和工作的心理与生理两方面对环境因素的一种态度，也就是工作者的满足感受，即工作者对工作情境的一种主观反应（Hoppock，1935）。工作满意度的测量量表主要来自 Agh 等（1992）编制的整体工作满意度量表。工作满意度的初始题项如表 3 - 9 所示。

表 3 - 9　　　　　　　　　工作满意度的初始题项

因子	测量题项
工作满意度	JS1 我经常对自己的工作感到厌倦
	JS2 我对我现在的工作感到很满意
	JS3 我从一开始就对我的工作感到满意
	JS4 大部分的时间我都对我的工作充满了热情
	JS5 我比一般的员工更喜欢自己的工作
	JS6 我发现工作能给我真正的享受

（九）离职倾向初始量表的形成

离职倾向是员工由于对工作不满意而产生的离职念头、寻找其他工作的倾向，是员工对组织的负面评价。离职倾向的测量量表来自 Wayne 等（1997）开发的量表。员工离职倾向的初始题项如表3-10所示。

表3-10 员工离职倾向的初始题项

因子	测量题项
离职倾向	TI1 一旦我找到一份更好的工作，我会离开这个单位
	TI2 我正在积极地寻找其他工作机会
	TI3 我在认真地思考是否辞去目前的工作
	TI4 我经常想辞去目前在这个单位的工作
	TI5 我想从现在开始仍然在这个单位工作五年

第五节　小样本测试

小样本测试，即调查问卷的前测和再测工作于2008年6月在湖南祁东县育贤中学进行，本研究调查问卷的前测和再测工作得到了湖南祁东县教育局局长曾志和时任育贤中学校长匡宗春同志的大力支持。为了确保问卷的有效性，小样本两次测试为同一测量对象，前测问卷完成2周以后对测试对象进行再测试，这一阶段的抽样对象为69名教师，最后获得的有效问卷为60套，其中有9名教师在再测时，因联系不上或存在漏填等情况成为无效问卷。笔者对小样本问卷的信度和效度进行了检验。对小样本问卷的处理方法是：首先，采用纠正题项的总相关系数（CITC）净化问卷题项，如果CITC指数小于0.5，没有特别的理由，就应该删除该题项。其次，利用 Cronbach's α 信度系数法检验问卷题项的信度。根据 Nunnally

（1978）的建议，剩余题项的 a 系数大于 0.70 就可以认为研究取得了很好的效果。而且，为了确保测量题项的质量和简化调查问卷，对于超过 7 个题项的维度，可以删除那些因子负荷小于 0.70 的题项。最后，通过测量变量的因子分析检验单维性。

一　组织信任的信度和效度分析

（一）组织信任量表的 CITC、Cronbach's α 信度系数分析

由表 3 - 11 可知，在组织信任的测量题项中，CITC 指数均大于 0.7，而且删除任何题项后，Alpha 系数都得不到提高，因此，不用删除任何题项。由于所有题项的 Alpha 系数为 0.9547，标准化后的 Alpha 系数为 0.9564，所以，组织信任的测量题项的信度很高。

表 3 - 11　　　　　　　组织信任量表的 CITC 和信度分析

Item	Corrected Item - Total Correlation	Alpha if Item Deleted	Alpha	Standardized Item Alpha
T1	0.9038	0.9425		
T2	0.8533	0.9486		
T3	0.8861	0.9440		
T4	0.7925	0.9516	0.9547	0.9564
T5	0.8369	0.9481		
T6	0.8319	0.9486		
T7	0.8368	0.9490		

（二）组织信任量表的效度分析

对组织信任测量题项进行因子分析，首先检验测量题项的 KMO 值和巴特利特球形检验显著性，结果见表 3 - 12。从表中可以看到 KMO 值为 0.901，大于 0.7 的通常标准，巴特利特球形体验卡方值的显著性概率为 0.000，因此可以做因子分析。表 3 - 13 是因子分析的结果，分析结果仅得到一个因子，特征值为 5.554，该因子可以解释总变异的 79.347%，这说明测量结构的一维性很好，即通过

区别效度检验。表 3 - 14 是组织信任测量题项的因子负荷。从表中可以看出，各测量题项的标准化因子负荷均超过 0.7 的通常标准，这说明测量题项具有很高的内部一致性和收敛效度。

表 3 - 12　　　　组织信任 KMO 测度和巴特利特球形检验结果

Kaiser – Meyer – Olkin Adequacy	Measure of Sampling	0.901
Bartlett's Test of Sphercity	Approx. Chi – Square	425.694
	df.	21
	Sig.	0.000

表 3 - 13　　　　　　组织信任的总方差解释

Component	Initial Eigenvalues			Extraction Sums of Squared Loadings		
	Total	% of Variance	Cumulative%	Total	% of Variance	Cumulative%
1	5.554	79.347	79.347	5.554	79.347	79.347
2	0.441	6.302	85.649			
3	0.366	5.234	90.883			
4	0.211	3.020	93.903			
5	0.179	2.562	96.464			
6	0.155	2.211	98.675			
7	0.093	1.325	100.000			

表 3 - 14　　　　　　组织信任的效度检验

	Initial	Extraction	Component
T1	1	0.864	0.930
T2	1	0.804	0.896
T3	1	0.843	0.918
T4	1	0.714	0.845
T5	1	0.782	0.884
T6	1	0.777	0.882
T7	1	0.771	0.878

注：采用主成分分析法来提炼因子，取特征值大于 1 的因素。

　　两个星期后我们利用组织信任量表又对湖南育贤中学的教师进行了测试，组织信任整体的 Alpha 系数为 0.9670，标准 Alpha 系数为 0.9675，大于 0.7，这说明组织信任量表的再测信度较好。

二　组织公平的信度和效度分析

（一）组织公平量表的 CITC、a 信度系数分析

　　从表 3 – 15 可以看出，组织公平因子中的 OJ5 题项的 CITC 指数为 0.4835，小于 0.5，删除该题项后，信度明显提高了。组织公平因子的 Alpha 系数由原来的 0.8273 提高到 0.8301，标准化后 Alpha 由原来的 0.8277 提高到 0.8315，因此删除 OJ5。经过小样本信度分析后，组织公平因子由 5 个题项减少为 4 个题项。

表 3 – 15　　　　　　员工组织公平量表的 CITC 和信度分析

Item	Corrected Item – Total Correlation		Alpha if Item Deleted		Alpha		Standardized Item Alpha	
	初始	最后	初始	最后	初始	最后	初始	最后
OJ1	0.6986	0.6696	0.7744	0.7833				
OJ2	0.7275	0.7370	0.7612	0.7478				
OJ3	0.5656	0.5726	0.8094	0.8226	0.8273	0.8301	0.8277	0.8315
OJ4	0.6575	0.6640	0.7833	0.7838				
OJ5	0.4835	—	0.8301	—				

（二）组织公平量表的效度分析

　　对组织公平测量题项进行因子分析，首先检验测量题项的 KMO 值和巴特利特球形检验显著性，结果见表 3 – 16。从表中可以看到 KMO 值为 0.793，大于 0.7 的通常标准，巴特利特球形检验卡方值的显著性概率为 0.000，因此可以做因子分析。表 3 – 17 是因子分析的结果，分析结果仅得到一个因子，特征值为 2.663，该因子可以解释总变异的 66.586%，这说明测量结构的一维性很好，即通过

区别效度检验。表 3 - 18 是组织公平测量题项的因子负荷。从表中可以看出，各测量题项的标准化因子负荷均超过 0.7 的通常标准。这说明测量题项具有很高的内部一致性和收敛效度。

表 3 - 16　　　组织公平 KMO 测度和巴特利特球形检验结果

Kaiser – Meyer – Olkin Adequacy	Measure of Sampling	0.793
Bartlett's Test of Sphercity	Approx. Chi – Square	87.280
	df.	6
	Sig.	0.000

表 3 - 17　　　　　　　组织公平的总方差解释

Component	Initial Eigenvalues			Extraction Sums of Squared Loadings		
	Total	% of Variance	Cumulative%	Total	% of Variance	Cumulative%
1	2.663	66.586	66.586	2.663	66.586	66.586
2	0.585	14.633	81.218			
3	0.43	10.758	91.976			
4	0.321	8.024	100			

表 3 - 18　　　　　　　组织公平的效度检验

	Initial	Extraction	Component
OJ1	1	0.680	0.825
OJ2	1	0.757	0.870
OJ3	1	0.553	0.744
OJ4	1	0.672	0.820

注：采用主成分分析法来提炼因子，取特征值大于 1 的因素。

　　两个星期后，我们利用修改后的组织公平量表对湖南育贤中学的教师进行了再次测试，求得再测 Alpha 系数为 0.8516，标准 Alpha 为 0.8542，大于 0.7，这说明组织公平量表的再测信度较好。

三 组织政治知觉的信度和效度分析

（一）组织政治知觉量表的 CITC、a 信度系数分析

从表 3-19 可以看出，组织政治知觉量表中 OP3、OP4 题项的 CITC 指数分别是 0.4139 和 0.2561，均小于 0.5，删除两个题项后信度提高了。组织政治知觉的 Alpha 系数由原来的 0.8257 提高到 0.8497，标准 Alpha 由原来的 0.8299 提高到 0.8552。因此删除这两个题项。经过小样本分析之后，员工组织政治知觉量表由原来的 9 个题项减少为 7 个题项。

表 3-19　　　　　组织政治知觉量表的 CITC 和信度分析

Item	Corrected Item - Total Correlation		Alpha if Item Deleted		Alpha		Standardized Item Alpha	
	初始	最后	初始	最后	初始	最后	初始	最后
OP1	0.6187	0.6325	0.7967	0.8269				
OP2	0.5025	0.5744	0.8112	0.8343				
OP3	0.4139	—	0.8207	—				
OP4	0.2561	—	0.8393	—				
OP5	0.6148	0.5625	0.7971	0.8378	0.8257	0.8497	0.8299	0.8552
OP6	0.6955	0.6944	0.7917	0.8191				
OP7	0.5029	0.5099	0.8114	0.8325				
OP8	0.5763	0.6165	0.8032	0.8283				
OP9	0.7551	0.7318	0.7840	0.8129				

（二）组织政治知觉量表的效度分析

对组织政治知觉的测量题项进行因子分析，首先检验测量题项的 KMO 值和巴特利特球形检验显著性，结果见表 3-20。从表中可以看到 KMO 值为 0.805，大于 0.7 的通常标准，巴特利特球形检验卡方值的显著性概率为 0.000，因此可以做因子分析。表 3-21 是因子分析的结果，分析结果仅得到一个因子，特征值为 3.767，该

因子可以解释总变异的 53.808%，这说明测量结构的一维性很好，即通过区别效度检验。表 3 - 22 是组织政治知觉测量题项的因子负荷。从表中可以看出，各测量题项的标准化因子负荷大部分超过了 0.7 的通常标准，这说明测量题项具有很高的内部一致性和收敛效度。

表 3 - 20   组织政治知觉 KMO 测度和巴特利特球形检验结果

Kaiser – Meyer – Olkin Adequacy	Measure of Sampling	0.805
Bartlett's Test of Sphercity	Approx. Chi – Square	162.183
	df.	21
	Sig.	0.000

表 3 - 21   组织政治知觉的总方差解释

Component	Initial Eigenvalues			Extraction Sums of Squared Loadings		
	Total	% of Variance	Cumulative%	Total	% of Variance	Cumulative%
1	3.767	53.808	53.808	3.767	53.808	53.808
2	0.806	11.518	65.326			
5	0.694	9.909	75.235			
6	0.637	9.098	84.333			
7	0.550	7.852	92.185			
8	0.297	4.24	96.426			
9	0.250	3.574	100			

表 3 - 22   组织政治知觉的效度检验

	Initial	Extraction	Component
OP1	1	0.559	0.748
OP2	1	0.489	0.699
OP5	1	0.483	0.695
OP6	1	0.617	0.786
OP7	1	0.405	0.636
OP8	1	0.531	0.729
OP9	1	0.682	0.826

注：采用主成分分析法来提炼因子，取特征值大于 1 的因素。

两个星期后，我们利用修改后的组织政治知觉量表对湖南育贤中学的教师进行了再次测试，求得再测 Alpha 系数为 0.8570，标准 Alpha 为 0.8593，大于 0.7，这说明组织政治知觉量表的再测信度较好。

四 组织变革量表的信度和效度分析

(一) 组织变革量表的信度分析

从表 3 - 23 可以看出，组织变革因子中的 OT5、OT8、OT9、OT10 和 OT11 题项的 CITC 指数分别为 0.4292、0.4245、0.3054、0.4966 和 0.0328，均小于 0.5。删除这些题项后，组织变革的 Alpha 系数由 0.8290 提高到 0.8606，标准 Alpha 系数由 0.8246 提高到 0.8619，信度提高了，因此删除这些题项。经过小样本分析后，组织变革量表由原来的 11 个题项减少为 6 个题项。

表 3 - 23 　　　　　　　组织变革量表的 CITC 和信度分析

Item	Corrected Item - Total Correlation		Alpha if Item Deleted		Alpha		Standardized Item Alpha	
	初始	最后	初始	最后	初始	最后	初始	最后
OT1	0.5778	0.6275	0.8077	0.8421				
OT2	0.6631	0.7222	0.8004	0.8248				
OT3	0.7091	0.7161	0.7948	0.8251				
OT4	0.6706	0.7177	0.8004	0.8266				
OT5	0.4292	—	0.8210					
OT6	0.6171	0.6145	0.8039	0.8443	0.8290	0.8606	0.8246	0.8619
OT7	0.5748	0.5287	0.8082	0.8590				
OT8	0.4245	—	0.8227	—				
OT9	0.3054	—	0.8319	—				
OT10	0.4966	—	0.8154	—				
OT11	0.0328	—	0.8493	—				

（二）组织变革的效度分析

对组织变革的测量题项进行因子分析，首先检验测量题项的KMO值和巴特利特球形检验显著性，结果见表3-24。从表中可以看到KMO值为0.851，大于0.7的通常标准，巴特利特球形检验卡方值的显著性概率为0.000，因此可以做因子分析。表3-25是因子分析的结果，分析结果仅得到一个因子，特征值为3.570，该因子可以解释总变异的59.496%，这说明测量结构的一维性很好，即通过区别效度检验。表3-26是组织变革测量题项的因子负荷。从表中可以看出，各测量题项的标准化因子负荷绝大多数超过0.7的通常标准，这说明测量题项具有很高的内部一致性和收敛效度。

表3-24   组织变革KMO测度和巴特利特球形检验结果

Kaiser – Meyer – Olkin Adequacy	Measure of Sampling	0.851
Bartlett's Test of Sphercity	Approx. Chi – Square	148.686
	df.	15
	Sig.	0.000

表3-25   组织变革的总方差解释

Component	Initial Eigenvalues			Extraction Sums of Squared Loadings		
	Total	% of Variance	Cumulative%	Total	% of Variance	Cumulative%
1	3.570	59.496	59.496	3.570	59.496	59.496
2	0.689	11.489	70.985			
3	0.586	9.774	80.759			
4	0.546	9.101	89.860			
6	0.355	5.925	95.785			
7	0.255	4.215	100			

表 3 – 26　　　　　　　　　　组织变革的效度检验

	Initial	Extraction	Component
OT1	1	0. 556	0. 745
OT2	1	0. 684	0. 827
OT3	1	0. 685	0. 828
OT4	1	0. 682	0. 826
OT6	1	0. 536	0. 732
OT7	1	0. 427	0. 654

注：采用主成分分析法来提炼因子，取特征值大于 1 的因素。

　　两个星期后，我们利用修改后的组织变革量表对湖南育贤中学的教师进行了再次测试，求得再测 Alpha 系数为 0.8467，标准 Alpha 为 0.8477，大于 0.7，这说明组织变革量表的再测信度较好。

五　变革型领导量表的信度和效度分析

（一）变革型领导量表的信度分析

　　从表 3 – 27 中可以看出，在变革型领导的测量题项中，CITC 指数均大于 0.7，而且删除任何题项后，Alpha 系数都得不到提高，因此，不用删除任何题项。由于所有题项的 Alpha 系数为 0.9460，标准化后的 Alpha 系数为 0.9464，所以，变革型领导的测量题项的信度很高。

（二）变革型领导的效度分析

　　对变革型领导的测量题项进行因子分析，首先检验测量题项的 KMO 值和巴特利特球形检验显著性，结果见表 3 – 28。从表中可以看到 KMO 值为 0.906，大于 0.7 的通常标准，巴特利特球形检验卡方值的显著性概率为 0.000，因此可以做因子分析。表 3 – 29 是因子分析的结果，分析结果仅得到一个因子，特征值为 5.827，该因子可以解释总变异的 72.838%，这说明测量结构的一维性很好，即通过区别效度检验。表 3 – 30 是变革型领导测量题项的因子负荷。

从表中可以看出，各测量题项的标准化因子负荷均超过 0.7 的通常标准，这说明测量题项具有很高的内部一致性和收敛效度。

表 3 - 27　　　　　　变革型领导量表的 CITC 和信度分析

Item	Corrected Item - Total Correlation	Alpha if Item Deleted	Alpha	Standardized Item Alpha
TL1	0.8060	0.9391		
TL2	0.7426	0.9429		
TL3	0.8318	0.9368		
TL4	0.8776	0.9336	0.9460	0.9464
TL5	0.7385	0.9430		
TL6	0.8194	0.9380		
TL7	0.8159	0.9380		
TL8	0.8042	0.9387		

表 3 - 28　　　变革型领导 KMO 测度和巴特利特球形检验结果

Kaiser - Meyer - Olkin Adequacy	Measure of Sampling	0.906
Bartlett's Test of Sphercity	Approx. Chi - Square	420.514
	df.	28
	Sig.	0.000

表 3 - 29　　　　　　变革型领导的总方差解释

Component	Initial Eigenvalues			Extraction Sums of Squared Loadings		
	Total	% of Variance	Cumulative%	Total	% of Variance	Cumulative%
1	5.827	72.838	72.838	5.827	72.838	72.838
2	0.758	9.472	82.311			
3	0.358	4.476	86.786			
4	0.322	4.092	90.815			
5	0.254	3.181	93.996			
6	0.190	2.372	96.368			
7	0.162	2.030	98.398			
8	0.128	1.602	100			

表 3 - 30   变革型领导的效度检验

	Initial	Extraction	Component
TL1	1	0.730	0.854
TL2	1	0.643	0.802
TL3	1	0.767	0.876
TL4	1	0.831	0.911
TL5	1	0.638	0.799
TL6	1	0.749	0.866
TL7	1	0.742	0.862
TL8	1	0.728	0.853

注：采用主成分分析法来提炼因子，取特征值大于 1 的因素。

两个星期后，我们利用修改后的组织公平量表对湖南育贤中学的教师进行了再次测试，求得再测 Alpha 系数为 0.8516，标准 Alpha 为 0.8542，大于 0.7，这说明组织公平量表的再测信度较好。

六 组织气候量表的信度和效度分析

（一）组织气候量表的信度分析

从表 3 - 31 中可以看出，组织气候的测量题项中，CITC 指数均大于 0.7，而且删除任何题项后，Alpha 系数都得不到提高，因此，不用删除任何题项。由于所有题项的 Alpha 系数为 0.9126，标准化后的 Alpha 系数为 0.9161，所以，组织气候的测量题项的信度很高。

（二）组织气候的效度分析

对组织气候的测量题项进行因子分析，首先检验测量题项的 KMO 值和巴特利特球形检验显著性，结果见表 3 - 32。从表中可以看到 KMO 值为 0.828，大于 0.7 的通常标准，巴特利特球形检验卡方值的显著性概率为 0.000，因此可以做因子分析。表 3 - 33 是因子分析的结果，分析结果仅得到一个因子，特征值为 3.745，该因子可以解释总变异的 74.909%，这说明测量结构的一维性很好，即通过区别效度检验。表 3 – 34 是组织气候测量题项的因子负荷。从表中可以看出，各测量题项的标准化因子负荷均超过 0.7 的通常标准，这说明测量题项具有很高的内部一致性和收敛效度。

表 3 – 31　　　　　组织气候量表的 CITC 和信度分析

Item	Corrected Item – Total Correlation	Alpha if Item Deleted	Alpha	Standardized Item Alpha
OC1	0.7438	0.9020		
OC2	0.7735	0.8939		
OC3	0.8336	0.8848	0.9126	0.9161
OC4	0.7895	0.8914		
OC5	0.7748	0.8939		

表 3 – 32　　　组织气候 KMO 测度和巴特利特球形检验结果

Kaiser – Meyer – Olkin Adequacy	Measure of Sampling	0.828
Bartlett's Test of Sphercity	Approx. Chi – Square	212.488
	df.	10
	Sig.	0.000

表 3 – 33　　　　　　组织气候的总方差解释

Component	Initial Eigenvalues			Extraction Sums of Squared Loadings		
	Total	% of Variance	Cumulative%	Total	% of Variance	Cumulative%
1	3.745	74.909	74.909	3.745	74.909	74.909
2	0.521	10.425	85.334			
3	0.377	7.542	92.876			
4	0.189	3.781	96.657			
5	0.167	3.343	100			

表 3 - 34 组织气候的效度检验

	Initial	Extraction	Component
OC1	1	0.695	0.834
OC2	1	0.741	0.861
OC3	1	0.811	0.900
OC4	1	0.759	0.871
OC5	1	0.740	0.860

注：采用主成分分析法来提炼因子，取特征值大于 1 的因素。

两个星期后，我们利用修改后的组织气候量表对湖南育贤中学的教师进行了再次测试，求得再测 Alpha 系数为 0.9213，标准 Alpha 为 0.9224，大于 0.7，这说明组织气候量表的再测信度较好。

七 组织承诺量表的信度和效度分析

（一）组织承诺量表的信度分析

从表 3 - 35 可以看出，组织承诺量表中 C2 题项的 CITC 指数为 0.4694，小于 0.5。删除该题项后，信度提高了。组织承诺的 Alpha 系数由原来的 0.9121 提高到 0.9217，标准 Alpha 由原来的 0.9146 提高到 0.9237，因此删除该题项。经过小样本分析之后，员工组织承诺量表由原来的 8 个题项减少为 7 个题项。

（二）组织承诺量表的效度分析

对组织承诺的测量题项进行因子分析，首先检验测量题项的 KMO 值和巴特利特球形检验显著性，结果见表 3 - 36。从表中可以看到 KMO 值为 0.906，大于 0.7 的通常标准，巴特利特球形检验卡方值的显著性概率为 0.000，因此可以做因子分析。表 3 - 37 是因子分析的结果，分析结果仅得到一个因子，特征值为 4.850，该因子可以解释总变异的 69.290%，这说明测量结构的一维性很好，即通过区别效度检验。表 3 - 38 是组织承诺测量题项的因子负荷。从表中可以看出，各测量题项的标准化因子负荷大部分超过 0.7 的通常标准，这说明测量题项具有很高的内部一致性和收敛效度。

表 3 - 35　　　　　　组织承诺量表的 CITC 和信度分析

Item	Corrected Item - Total Correlation		Alpha if Item Deleted		Alpha		Standardized Item Alpha	
	初始	最后	初始	最后	初始	最后	初始	最后
C1	0.5979	0.5656	0.9109	0.9295				
C2	0.4694	—	0.9217	—				
C3	0.7690	0.7751	0.8962	0.9079				
C4	0.6879	0.6842	0.9029	0.9167	0.9121	0.9217	0.9146	0.9237
C5	0.8625	0.8793	0.8895	0.8987				
C6	0.8564	0.8706	0.8885	0.8980				
C7	0.6943	0.7185	0.9026	0.9141				
C8	0.8254	0.8337	0.8908	0.9015				

表 3 - 36　　　　组织承诺 KMO 测度和巴特利特球形检验结果

Kaiser - Meyer - Olkin Adequacy	Measure of Sampling	0.906
Bartlett's Test of Sphercity	Approx. Chi - Square	312.368
	df.	21
	Sig.	0.000

表 3 - 37　　　　　　　组织承诺的总方差解释

Component	Initial Eigenvalues			Extraction Sums of Squared Loadings		
	Total	% of Variance	Cumulative%	Total	% of Variance	Cumulative%
1	4.850	69.290	69.290	4.850	69.290	69.290
3	0.714	10.199	79.489			
4	0.498	7.110	86.599			
5	0.377	5.386	91.985			
6	0.261	3.729	95.714			
7	0.174	2.489	98.203			
8	0.126	1.797	100			

表 3 - 38		组织承诺的效度检验	
	Initial	Extraction	Component
C1	1	0.432	0.657
C3	1	0.712	0.844
C4	1	0.583	0.764
C5	1	0.848	0.921
C6	1	0.84	0.916
C7	1	0.643	0.802
C8	1	0.791	0.889

注：采用主成分分析法来提炼因子，取特征值大于 1 的因素。

两个星期后，我们利用修改后的组织承诺量表对湖南育贤中学的教师进行了再次测试，求得再测 Alpha 系数为 0.9174，标准 Alpha 为 0.9187，大于 0.7，这说明组织承诺量表的再测信度较好。

八 工作满意度量表的信度和效度分析

（一）工作满意度的信度分析

从表 3 - 39 中可以看出，在工作满意度的测量题项中，CITC 指数均大于 0.6，而且删除任何题项后，Alpha 系数都得不到提高，因此，不用删除任何题项。由于所有题项的 Alpha 系数为 0.9054，标准化后的 Alpha 系数为 0.9064，所以，工作满意度的测量题项的信度很高。

（二）工作满意度的效度分析

对工作满意度的测量题项进行因子分析，首先检验测量题项的 KMO 值和巴特利特球形检验显著性，结果见表 3 - 40。从表中可以看到 KMO 值为 0.820，大于 0.7 的通常标准，巴特利特球形检验卡方值的显著性概率为 0.000，因此可以做因子分析。表 3 - 41 是因子分析的结果，分析结果仅得到一个因子，特征值为 4.105，该因子可以解释总变异的 68.412%，这说明测量结构的一维性很好，即通过区别效度检验。表 3 - 42 是工作满意度测量题项的因子负荷。

从表中可以看出，各测量题项的标准化因子负荷均超过 0.7 的通常标准，这说明测量题项具有很高的内部一致性和收敛效度。

表 3 – 39　　　　　　　工作满意度量表的 CITC 和信度分析

Item	Corrected Item – Total Correlation	Alpha if Item Deleted	Alpha	Standardized Item Alpha
JS1	0. 6104	0. 9082		
JS2	0. 7481	0. 8873		
JS3	0. 7516	0. 8868	0. 9054	0. 9064
JS4	0. 7869	0. 8822		
JS5	0. 8229	0. 8759		
JS6	0. 7295	0. 8900		

表 3 – 40　　　　工作满意度 KMO 测度和巴特利特球形检验结果

Kaiser – Meyer – Olkin Adequacy	Measure of Sampling	0. 820
Bartlett's Test of Sphercity	Approx. Chi – Square	249. 121
	df.	15
	Sig.	0. 000

表 3 – 41　　　　　　　　工作满意度的总方差解释

Component	Initial Eigenvalues			Extraction Sums of Squared Loadings		
	Total	% of Variance	Cumulative%	Total	% of Variance	Cumulative%
1	4. 105	68. 412	68. 412	4. 105	68. 412	68. 412
2	0. 792	13. 198	81. 610			
3	0. 455	7. 576	89. 186			
4	0. 323	5. 387	94. 572			
5	0. 204	3. 400	97. 972			
6	0. 122	2. 028	100			

表 3 - 42   工作满意度的效度检验

	Initial	Extraction	Component
JS1	1	0.503	0.709
JS2	1	0.692	0.832
JS3	1	0.681	0.825
JS4	1	0.749	0.866
JS5	1	0.801	0.895
JS6	1	0.678	0.823

注：采用主成分分析法来提炼因子，取特征值大于 1 的因素。

两个星期后，我们利用修改后的工作满意度量表对湖南育贤中学的教师进行了再次测试，求得再测 Alpha 系数为 0.9197，标准 Alpha 为 0.9234，大于 0.7，这说明工作满意度量表的再测信度较好。

九　离职倾向量表的信度和效度分析

（一）离职倾向的信度分析

从表 3 - 43 可以看出，离职倾向量表中 TI5 题项的 CITC 指数为 0.4942，小于 0.5 的通常标准。删除该题项后，信度提高了。离职倾向的 Alpha 系数由原来的 0.8397 提高到 0.8444，标准 Alpha 由原来的 0.8409 提高到 0.8484。因此删除该题项。经过小样本分析之后，离职倾向量表由原来的 5 个题项减少为 4 个题项。

（二）离职倾向量表的效度分析

对离职倾向的测量题项进行因子分析，首先检验测量题项的 KMO 值和巴特利特球形检验显著性，结果见表 3 - 44。从表中可以看到 KMO 值为 0.770，大于 0.7 的通常标准，巴特利特球形检验卡方值的显著性概率为 0.000，因此可以做因子分析。表 3 - 45 是因子分析的结果，分析结果仅得到一个因子，特征值为 2.752，该因子可以解释总变异的 68.811%，这说明测量结构的一维性很好，即通过区别效度检验。表 3 - 46 是离职倾向测量题项的因子负荷。从表中可以看出，各测量题项的标准化因子负荷均超过 0.7 的通常标准，这说明测量题项具有很高的内部一致性和收敛效度。

表 3 - 43　　　　　　　　离职倾向量表的 CITC 和信度分析

Item	Corrected Item - Total Correlation		Alpha if Item Deleted		Alpha		Standardized Item Alpha	
	初始	最后	初始	最后	初始	最后	初始	最后
TI1	0.6236	0.6233	0.8152	0.8317	0.8397	0.8444	0.8409	0.8484
TI2	0.7419	0.719	0.7783	0.7853				
TI3	0.7015	0.6973	0.7944	0.800				
TI4	0.6748	0.6999	0.7985	0.7942				
TI5	0.4942	—	0.8444	—				

表 3 - 44　　　　离职倾向 KMO 测度和巴特利特球形检验结果

Kaiser - Meyer - Olkin Adequacy	Measure of Sampling	0.770
Bartlett's Test of Sphercity	Approx. Chi - Square	101.331
	df.	6
	Sig.	0.000

表 3 - 45　　　　　　　　离职倾向的总方差解释

Component	Initial Eigenvalues			Extraction Sums of Squared Loadings		
	Total	% of Variance	Cumulative%	Total	% of Variance	Cumulative%
1	2.752	68.811	68.811	2.752	68.811	60.811
2	0.613	15.326	84.137			
3	0.349	8.725	92.861			
4	0.286	7.139	100			

两个星期后，我们利用修改后的离职倾向量表对湖南育贤中学的教师进行了再次测试，求得再测 Alpha 系数为 0.8770，标准 Alpha 为 0.8792，大于 0.7，这说明离职倾向量表的再测信度较好。

表 3 - 46   离职倾向的效度检验

	Initial	Extraction	Component
TI1	1	0.605	0.778
TI2	1	0.718	0.847
TI3	1	0.71	0.843
TI4	1	0.719	0.848

注：采用主成分分析法来提炼因子，取特征值大于 1 的因素。

第六节　正式量表的形成

本研究涉及的组织信任、组织公平、组织政治知觉、组织变革、变革型领导、组织气候、组织承诺、工作满意度和离职倾向等变量的量表的形成均经过了结构化访谈、重要性排序以及专家检视，同时，每个变量的量表均通过了小样本的检验和修正。最终形成的量表符合通常的标准。每个变量的测量题项均采用 Likert7 级尺度，其中 1 表示调查对象对题项所述内容"完全不同意"，4 表示持中立态度，既不同意也不反对，7 表示"完全同意"。本研究所使用量表的具体内容如表 3 - 47 所示。

表 3 - 47   本研究正式量表

因子	测量题项
组织信任	T1 我相信我的单位是非常正直的
	T2 我认为我的单位对待我的态度是一致的、可靠的
	T3 我的单位总是诚实可信的
	T4 总的来说，我相信单位的动机和意图是好的
	T5 我认为单位能够公平地对待我
	T6 我的单位对我是坦率、直接的
	T7 我完全相信单位

续表

因子	测量题项
组织公平	OJ1 我的工作安排是合理的
	OJ2 我认为我的收入水平是合理的
	OJ3 我认为我的工作量是合理的
	OJ4 总的来说，我在单位得到的奖励是非常公平的
组织政治知觉	OP1 在这个单位，有人为了往上爬，而扯别人的后腿
	OP2 在这个单位内，具有影响力的人或团体，没人敢冒犯
	OP3 在这个单位，顺从有权力的人是最好的选择
	OP4 在这个单位里，最好少管别人的闲事
	OP5 在这里，有时候保持沉默比对抗体制来得容易
	OP6 有时候告诉别人他们想听的，比告诉他们事实要好得多
	OP7 在这里，照领导的话做，比按自己的想法做更好
组织变革	OT1 在未来单位可能改革后，我担心现在的社会地位会降低
	OT2 在未来单位可能改革后，我在朋友眼中的地位可能会受到影响
	OT3 在未来单位可能改革后，我的工作可能会变得不重要
	OT4 在未来单位可能改革后，我将因此没有机会进修或培训
	OT5 在未来单位可能改革后，我会对个人未来前景充满不安全感
	OT6 在未来单位可能改革后，未来我可能会被调降薪资
变革型领导	TL1 我的直属领导在完成目标的过程中显示出决心
	TL2 我的直属领导让他/她身边的下属感觉愉快
	TL3 我的直属领导为了团体（集体）利益，不计较个人得失
	TL4 我的直属领导在工作中表现出很能干、有魄力和自信
	TL5 我的直属领导向下属表达对他们高绩效的期望
	TL6 我的直属领导充满激情地讨论需要完成的任务
	TL7 我的直属领导给大家描绘鼓舞人心的未来
	TL8 我的直属领导给大家传达一种使命感
组织气候	OC1 当我接受一项艰难的工作时，常常能获得同事的支持与帮助
	OC2 我认为同事在工作上的竞争是良性的
	OC3 我认为同事的工作关系是良好及友善的
	OC4 我认为同事能够通过协调合作来完成工作
	OC5 我认为同事之间能够发挥团队精神

续表

因子	测量题项
组织承诺	C1 我愿意以后一直在这个单位工作
	C2 我觉得单位的问题好像就是我自己的问题
	C3 我想我不会很容易地像喜爱这家单位一样喜爱另一家单位
	C4 在单位里，我觉得自己是"大家庭里的一员"
	C5 我觉得在感情上属于这个单位
	C6 这个单位对我来说具有重要的个人意义
	C7 我有很强的"属于该单位的人"的感觉
工作满意度	JS1 我经常对自己的工作感到厌倦
	JS2 我对我现在的工作感到很满意
	JS3 我从一开始就对我的工作感到满意
	JS4 大部分的时间我都对我的工作充满了热情
	JS5 我比一般的员工更喜欢自己的工作
	JS6 我发现工作能给我真正的享受
离职倾向	TI1 一旦我找到一份更好的工作，我会离开这个单位
	TI2 我正在积极地寻找其他工作机会
	TI3 我在认真地思考是否辞去目前的工作
	TI4 我经常想辞去目前在这个单位的工作

第七节　大样本数据分析

一　大样本数据收集

2008 年 10 月至 2009 年 1 月，对湖南衡阳市和长沙市部分企业的员工进行了问卷调查。

由于本文是实证研究，样本质量的好坏直接关系到研究结论的科学性、适应性和外推性。邱皓政、林碧芳（2009）就提出样本的获取对于 SEM 分析的结果具有重要的影响，除了对样本规模的大小有要求外，他们认为样本结构和测量质量与 SEM 分析的结果有密切的关系。因此，样本的获取在研究中至关重要。

针对我国各地区经济发展存在的不平衡和亚文化差异性，笔者把本文的研究样本限定在湖南省。一方面是为了消除区域不平衡和文化差异给样本带来的影响；另一方面也是考虑到个人的人际资源，毕竟本文研究的主题是"企业员工组织信任"，涉及的变量包括变革型领导、组织公平、组织气候、组织政治知觉、组织变革、组织承诺、工作满意度和离职倾向等，对企业来说非常敏感。问卷调查存在一定的难度，如果仅靠笔者一个人的力量几乎是不可能完成的。为了较好地完成自己的研究课题，笔者调动了自己在当地能够利用的人际资源，在确定抽样地方，联系好当地朋友后，根据各地抽样负责人的能力，将抽样问卷分发下去（见表 3 - 48）。抽样方式：一是联系相关企业的负责人，在相关企业的帮助下进行抽样，获取调查数据；二是利用朋友关系联系某些企业的员工帮助填写问卷，获取相关数据。在有关企业和朋友的大力支持下，经过 4 个月左右的问卷调查，先后在湖南衡阳市和长沙市发放问卷 400 份，回收问卷 300 份，回收率 75%，剔除不符合要求的问卷 49 份，有效问卷为 251 份，回收有效率为 83.7%。本次调查的企业包括特变电工衡阳变压器有限公司、中国联合网络通信有限公司湖南长沙分公司、泰豪科技衡阳通讯车辆有限公司等知名企业。

表 3 - 48　　　　　　　　　数据采集负责人基本情况

负责人	单位	职务	抽样区域
罗安宝	中国银监会衡阳监管分局	科长	湖南衡阳市
廖志辉	特变电工衡阳变压器有限公司	工程师	湖南衡阳市
邹清明	南华大学经济管理学院	副教授	湖南衡阳市
刘晓林	衡阳县政府办	干部	湖南衡阳市
曾兆	长沙市国土局	干部	湖南长沙市
谢向阳	中国联通长沙分公司	主管	湖南长沙市

二　大样本数据结构描述

由表 3 - 49 可知，本次调查的有效样本共 251 人，其中男性 151 人，占 60.16%；女性 100 人，占 39.84%。可见在本次调查中男性所占的比例比女性大，这与本次调查对象集中在企业基层员工有关。

从被调查者的年龄来看，25 岁以下的有 65 人，占 25.9%；26—30 岁的有 92 人，占 36.7%；31—35 岁的有 51 人，占 20.3%；36—40 岁的有 22 人，占 8.8%；41 岁以上的有 21 人，占 8.4%。其中 35 岁以下的有 208 人，占 82.9%，可见这次被调查对象以年轻人为主，这符合基层员工的年龄结构。

从被调查者的受教育程度来看，高中及以下的有 29 人，占 11.6%；大专的有 82 人，占 32.7%；本科及以上的有 140 人，占 55.8%。其中大专以上的被调查者有 222 人，占 88.5%。可见本次被调查者的受教育程度都比较高。

从被调查者的婚姻状况来看，未婚的有 108 人，占 43.0%；已婚的有 138 人，占 55.0%；离婚的有 5 人，占 2.0%。可见被调查对象中已婚人员相对较多。

从被调查者的现有职位来看，普通员工有 226 人，占 90.0%，占绝大多数；中层及以上员工有 25 人，占 10.0%。由此可以看出，这次调查的对象主要集中在普通员工，中层及以上员工所占比例不大。

从被调查者的工作年限来看，1—5 年的有 131 人，占 52.2%；6—10 年的有 58 人，占 23.1%；11—15 年的有 28 人，占 11.2%；16 年以上的有 34 人，占 13.5%。可见基层员工的工作年限相对较短，5 年以下的占 52.2%。

从被调查者的月收入来看，2000 元以下的有 110 人，占 43.8%；2001—3000 元的有 71 人，占 28.3%；3001—4000 元的有 47 人，占 18.7%；4001 元以上的有 23 人，占 9.2%。由此可以看

出，被调查对象的月收入水平并不高，3000 元以下的员工占
72.1%，这可能与当地经济发展水平有关，也就是说，湖南企业员
工整体的收入水平，特别是基层员工的收入不高。

　　总体而言，本研究的样本在性别、年龄、受教育程度、婚姻等
各方面的分布反映了基层员工的实际情况，所以本研究认为从中获
取的结论是可信的。

表 3 - 49　　　　　大样本数据的基本构成情况（N = 251）

变量名称	变量项目	频数	有效百分比（%）
性别	男	151	60.16
	女	100	39.84
年龄	25 岁以下	65	25.9
	26—30 岁	92	36.7
	31—35 岁	51	20.3
	36—40 岁	22	8.8
	41 岁以上	21	8.4
受教育程度	高中及以下	29	11.6
	大专	82	32.7
	本科及以上	140	55.8
婚姻状况	未婚	108	43.0
	已婚	138	55.0
	离婚	5	2.0
现有职位	普通员工	226	90.0
	中层及以上员工	25	10.0
工作年限	1—5 年	131	52.2
	6—10 年	58	23.1
	11—15 年	28	11.2
	16 年以上	34	13.5
月收入	2000 元以下	110	43.8
	2001—3000 元	71	28.3
	3001—4000 元	47	18.7
	4001 元以上	23	9.2

三　大样本数据描述

大样本数据描述主要包括潜变量测量题项的均值（Mean）、标准差（Std. Deviation）、斜度（Skewness）、峰度（Kurtosis）等描述性统计分析。

表 3 – 50 是大样本调查问卷中各潜变量测量题项的描述性分析。54 个测量题项的斜度系数的绝对值在 0—0.730，均小于 3；峰度系数绝对值在 0.025—1.103，均小于 10，这说明样本基本上服从正态分布（黄芳铭，2005），可以进行下一步分析。

表 3 – 50　　　　　　　　　　　大样本数据描述分析

变量	题项	均值	标准差	斜度	峰度	变量	题项	均值	标准差	斜度	峰度
组织信任	T1	4.29	1.452	-0.384	0.032	组织政治知觉	OP1	3.67	1.570	0.160	-0.549
	T2	4.51	1.395	-0.484	0.028		OP2	4.26	1.700	-0.105	-0.772
	T3	4.46	1.437	-0.498	0.178		OP3	4.25	1.679	-0.201	-0.735
	T4	4.85	1.360	-0.695	0.542		OP4	4.33	1.716	-0.176	-0.774
	T5	4.58	1.283	-0.512	0.487		OP5	4.66	1.615	-0.391	-0.429
	T6	4.47	1.389	-0.388	0.030		OP6	4.33	1.740	-0.241	-0.753
	T7	4.29	1.469	-0.270	-0.062		OP7	4.48	1.657	-0.131	-0.703
组织变革	OT1	3.67	1.460	0.038	-0.343	工作满意度	JS1	4.53	1.524	-0.376	-0.112
	OT2	3.50	1.490	-0.062	-0.782		JS2	4.49	1.381	-0.378	0.033
	OT3	3.39	1.491	0.243	-0.326		JS3	4.35	1.359	-0.220	-0.122
	OT4	3.47	1.375	0.059	-0.355		JS4	4.95	1.235	-0.730	1.103
	OT5	3.75	1.502	0.021	-0.499		JS5	4.69	1.283	-0.430	0.426
	OT6	3.92	1.549	-0.114	-0.500		JS6	4.63	1.460	-0.628	0.256

续表

变量	题项	均值	标准差	斜度	峰度	变量	题项	均值	标准差	斜度	峰度
组织承诺	C1	4.44	1.417	-0.214	0.075	变革型领导	TL1	4.96	1.321	-0.181	-0.658
	C2	4.47	1.415	-0.438	0.119		TL2	4.76	1.360	-0.341	0.025
	C3	4.45	1.380	-0.442	0.387		TL3	4.61	1.370	0.000	-0.336
	C4	4.87	1.363	-0.638	0.628		TL4	4.98	1.308	-0.294	-0.306
	C5	4.71	1.472	-0.610	0.207		TL5	5.04	1.183	-0.341	0.050
	C6	4.55	1.494	-0.518	0.111		TL6	4.92	1.335	-0.257	-0.232
	C7	4.65	1.504	-0.531	0.182		TL7	4.85	1.371	-0.221	-0.478
离职倾向	TI1	4.29	1.674	-0.180	-0.772		TL8	4.96	1.309	-0.220	-0.333
	TI2	3.43	1.485	0.185	-0.313	组织公平	OJ1	4.75	1.349	-0.439	-0.060
	TI3	3.35	1.532	0.417	-0.417		OJ2	4.14	1.449	-0.157	-0.733
	TI4	3.15	1.546	0.504	-0.196		OJ3	4.45	1.475	-0.312	-0.411
组织气候	OC1	5.19	1.244	-0.443	-0.256		OJ4	4.36	1.459	-0.314	-0.084
	OC2	5.25	1.240	-0.505	-0.105						
	OC3	5.37	1.231	-0.642	0.274						
	OC4	5.45	1.149	-0.505	-0.123						
	OC5	5.47	1.100	-0.495	-0.037						

四 大样本的信度和效度检验

本研究采用 SPSS11.5 进行 Cronbach's α 检验和探索性因子分析，采用 LISREL8.71 做验证性因子分析，检验调查问卷的组成信度、收敛效度以及区别效度。

由表 3-51 可知，本研究各变量的 Cronbach's α 值均大于 0.8，表明问卷的信度良好。采用探索性因子分析方法来检验样本的结构效度，在进行因子分析前，要先对样本数据进行检验，用巴特利特球形检验值以及 Kaiser - Meyer - Olkin 值抽样适度测定值来检验各题项之间的相关性。相关性越高，越适合做因子分析。一般认为，当 KMO 值大于 0.9 时，非常适合做因子分析；当 KMO 值在 0.8—

0.9 时比较适合做因子分析；当 KMO 值在 0.7—0.8 时，可以做因子分析；当 KMO 值小于 0.7 时，则不太适合做因子分析。使用 SPSS11.5 对各潜变量做探索性因子分析，得到表 3–51 所示结果。

表 3–51　　　　各研究变量探索性因子分析和信度分析

变量名称	KMO	巴特利特球形检验值	Sig.	Cronbach's α
组织信任	0.922	1475.300	0.000	0.9415
组织公平	0.799	405.609	0.000	0.8453
组织气候	0.839	592.544	0.000	0.8656
组织政治知觉	0.889	1057.624	0.000	0.9023
组织变革	0.852	799.879	0.000	0.8850
变革型领导	0.906	1204.850	0.000	0.9116
组织承诺	0.925	1532.011	0.000	0.9347
工作满意度	0.875	724.856	0.000	0.8772
离职倾向	0.824	676.797	0.000	0.8930

如表 3–51 所示，各变量的 KMO 值都大于 0.7，巴特利特球形检验均显著，因此适合做因子分析。采用主成分分析法来提炼因子，取特征值大于 1 的因素，并采用方差最大法对因子进行正交旋转。

本研究采用 LISREL8.71 对模型做验证性因子分析以检测测量模型的效度。得到如表 3–52 所示的结果。

（一）信度检验

单个题项的信度是用来考察观察变量对潜变量的因子载荷以及每个载荷在统计上是否具备显著性。度量模型 R^2 小于 0.5 的题项必须删除，本研究删除 OT1、OT6、OP1、OC1、OC2、TI1、JS1、JS2、TL1、TL2、OJ1 共 11 个题项。如表 3–52 所示，每个度量模型剩余的因子载荷系数介于 0.71—0.91，均大于 0.7，即 $R^2 > 0.5$，并且在 $p < 0.01$ 的条件下具有统计显著性。

表 3 - 52   验证性因子分析结果

变量	题项	载荷	R^2	标准误	CR	变量	题项	载荷	R^2	标准误	CR
组织信任 AVE = 0.70	T1	0.85	0.72	0.28	0.94	组织承诺 AVE = 0.66	C1	0.71	0.50	0.50	0.93
	T2	0.85	0.73	0.27			C2	0.72	0.52	0.48	
	T3	0.88	0.78	0.22			C3	0.74	0.55	0.45	
	T4	0.80	0.64	0.36			C4	0.85	0.72	0.28	
	T5	0.81	0.66	0.34			C5	0.89	0.79	0.21	
	T6	0.79	0.63	0.37			C6	0.87	0.76	0.24	
	T7	0.85	0.72	0.28			C7	0.89	0.79	0.21	
组织变革 AVE = 0.62	OT2	0.76	0.58	0.42	0.87	工作满 意度 AVE = 0.62	JS3	0.73	0.54	0.46	0.86
	OT3	0.82	0.67	0.33			JS4	0.79	0.62	0.38	
	OT4	0.82	0.67	0.33			JS5	0.82	0.68	0.32	
	OT5	0.75	0.56	0.44			JS6	0.79	0.62	0.38	
组织政治 知觉 AVE = 0.63	OP2	0.75	0.56	0.44	0.91	变革型 领导 AVE = 0.60	TL3	0.74	0.54	0.46	0.90
	OP3	0.84	0.71	0.29			TL4	0.77	0.60	0.40	
	OP4	0.74	0.55	0.45			TL5	0.74	0.54	0.46	
	OP5	0.81	0.65	0.35			TL6	0.80	0.64	0.36	
	OP6	0.81	0.66	0.34			TL7	0.82	0.67	0.33	
	OP7	0.81	0.66	0.34			TL8	0.78	0.61	0.39	
组织气候 AVE = 0.66	OC3	0.79	0.63	0.37	0.90	组织公平 AVE = 0.61	OJ2	0.77	0.59	0.41	0.82
	OC4	0.84	0.71	0.29			OJ3	0.78	0.61	0.39	
	OC5	0.79	0.63	0.37			OJ4	0.79	0.62	0.38	
离职倾向 AVE = 0.79	TI2	0.87	0.76	0.24	0.92						
	TI3	0.91	0.82	0.18							
	TI4	0.90	0.80	0.20							

　　按照 Bagozzi 和 Yi（1988）的观点，CR 即组成信度应大于 0.6，CR 值越大，表示各个度量模型的测量题项之间的组成信度越高。由表 3 - 52 可以看出，各潜变量的组成信度即 CR 值均大于 0.6 的标准，介于 0.82—0.94，这表示模型通过了组成信度的检验。相对于 Cronbach's α 系数来说，组成信度更能合理地检验测量变量的信

度，因此，本研究就不再报告 Cronbach's α 系数。

（二）效度检验

效度检验就是检验测量的有效性或准确度，一个测量越能正确地抓住目标，则该测量的效度就越高。根据调查问卷的研究目的，调查问卷的效度主要包括内容效度和结构效度。由于本研究调查问卷的测量量表均参考了国外组织行为学领域的国际顶级期刊，并由两位英语专业的同学对量表进行双向翻译，确保含义的一致性和语句的清晰准确，此外，还邀请了 5 位在企业担任人力资源主管的人士对问卷题项进行了逐一讨论，并以湖南省祁东县育贤中学的教师为样本进行前测，因此，调查问卷应该具有较高的内容效度。结构效度包括收敛效度和区别效度，采用平均方差提取（Average Variance Extracted，AVE）来检验样本的收敛效度和区别效度。参考以下依据：①如果所有因子的 AVE > 0.5，则认为样本的收敛效度较好；②如果样本所有因子的 AVE 值大于两个因子间的相关系数的平方，则表明这两个因子之间具有区别效度。从表 3 - 52 可以看出，各潜变量的 AVE 值均大于 0.5，说明问卷具有良好的收敛效度。同时，各潜变量的 AVE 值均大于该潜变量与其他变量间相关系数的平方，说明各测量题项具有很好的区别效度。

第八节 本章小结

本章一是探讨了相关分析、回归分析、信度分析、效度分析和结构方程模型分析等统计分析方法；二是为了构建本研究的理论模型和确定研究变量的内涵，本研究对部分员工进行了访谈；三是在文献研究和访谈研究的基础上构建本研究的概念模型；四是在前述研究的基础上，开发了本研究的调查工具；五是对大样本的数据进行了分析，为后续的研究奠定了坚实的基础。

第四章 企业员工组织信任的主要影响因素

第一节 研究目标

探讨影响企业员工组织信任的前因变量是整个研究的首要问题。但是长期以来,学术界始终将目光聚焦于人际信任方面,缺乏对组织信任的研究。在国内外对组织信任的影响因素的研究中,学者们侧重对人际信任影响因素的研究,缺乏对组织整体信任影响因素的研究。因此,本研究拟在文献研究和访谈研究的基础上,对影响企业员工对组织整体信任的主要因素进行实证研究,需要指出的是,本研究涉及的组织管理方面的前因变量如组织公平、组织气候、变革型领导等均是员工感知到的组织公平、组织气候等,为了表述方便,在后面的描述中省略了"员工感知到的"这一限定,特此说明。

第二节 模型与假设

组织信任是组织客观存在的现实。任何企业都是由一定数量的具有不同价值观、目标和利益的人构成的有机整体,要充分调动员工的积极性、主动性、创造性,没有员工对组织的信任是不可想象的。组织信任被认为是员工通过对组织的整体评估后,认同组织的政策方针，同时在不能监控组织的情况下，愿意将自己暴露在容易受伤害的情况下（Robert et al.，1998）。因此，组织信任实际上指员工对组织整体的信任程度。

在国外对组织信任的研究中，学者们着重研究组织信任对员工工作态度、工作绩效、组织绩效的重要影响。既然组织信任如此重要，那么如何有效地提高员工的组织信任程度呢？国内外对组织整体信任的影响因素的研究尚显不足，因此，本研究希望在该领域有所贡献。基于以上分析，在前人研究的基础上，提出本研究的概念模型，包括组织公平、组织气候、组织政治知觉、组织变革、变革型领导和组织信任。如图 4 - 1 所示。

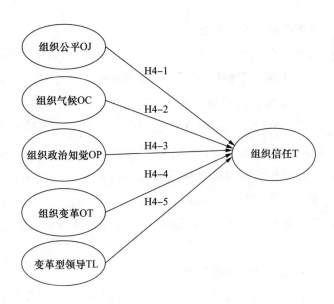

图 4 - 1 企业员工组织信任的主要影响因素

一 组织公平与组织信任

组织公平被认为是员工对组织的一种主观感受，组织在资源分配以及各方面的奖惩过程中，员工感受到的公平待遇。组织信任也是员工的一种主观心理状态，是员工对组织整体的信任程度，因此，组织公平和组织信任是社会关系中的两个重要情景因素。Konovsky 和 Pugh（1994）、Nyhan 等（2000）在研究中发现组织公平会正向显著地影响组织信任。Tan 和 Tan（2000）在研究员工对主管的信任和对组织信任这两类不同的信任中发现程序公平性、分配公平性和可感受的组织支持等变量对员工信任组织有显著的影响。Hopkins 和 Weathington（2006）在研究中验证分配公平和程序公平对组织信任有显著的影响作用。基于以上分析，本文提出以下假设：

H4 - 1：组织公平对员工的组织信任具有显著的正面影响。

二　组织气候与组织信任

组织气候是在一个特定的组织里员工直接或间接对于内部环境的感知，这种表现会影响行为动机和表现的行为。组织气候是员工对工作环境的反应，并且这种反应对员工的行为影响很大。Rahim（1983）在研究中发现，组织气候越和谐，越将有利于降低组织成员间的冲突量，对组织内部信任具有正向影响作用。Barclay（1991）认为较和谐的团队精神对部门间的信任具有正向影响。基于以上分析，本文提出以下假设：

H4 - 2：组织气候对员工的组织信任具有显著的正面影响。

三　组织政治知觉与组织信任

组织政治是广泛存在于组织的一种普遍现象，贯穿于组织的整个生命周期。大多数的研究均认为组织政治行为是不利于组织的。组织政治知觉被认为是员工根据自己的组织政治经验，对工作环境中的行为和事件的认知、评价。组织信任则被看作员工对组织正面的情感反应，员工对组织的信任程度越高，其工作态度和行为越有利于组织。因此，可以认为组织政治知觉与组织信任呈负相关。Ferris 等（1992）在研究中发现，当组织成员感知到组织政治程度高时，会降低其对组织和同事的信任程度。台湾学者谢哲豪（2006）在研究中验证组织政治知觉与信任存在显著的负相关关系。Poon 等（2003）的研究也验证了组织政治知觉与信任呈显著负相关。由此可知，组织政治知觉对组织信任具有显著负面影响。基于以上分析，本文提出以下假设：

H4 - 3：组织政治知觉对员工的组织信任具有显著的负面影响。

四　组织变革与组织信任

组织变革概念来源于组织行为学，一般包括组织结构的变革、人员的变革和技术的变革三个方面。台湾学者吴定（1996）认为，组织变革是指组织受到外在环境的冲击，并结合内在环境的需要，而调整其内部的若干状况，以维持本身的均衡，进而达到组织生存与发展目的的过程。因此，组织变革是对组织原有平衡的冲击，当员工在面对组织未来的变革时，往往会产生对自己未来社会地位、工作安全的担忧。Denis（2001）在研究中发现，已经进行的组织变革往往是痛苦的，会遭到员工的抗拒，从而导致组织内部信任度的降低。蔡秀涓（1993）在研究台北市政府的组织信任与组织变革时发现，已经进行的组织变革与组织信任之间存在负相关关系，而预计未来进行的组织变革与组织信任之间存在正相关关系。基于以上分析，本文提出以下假设：

H4 - 4：组织变革对员工的组织信任具有显著的负面影响。

五　变革型领导与组织信任

吴惠钧（2006）认为领导风格是指管理者对他人表现出制订计划、组织控制并影响他人的方法。Bass（1985）在研究中提出变革型领导是部属对领导者感到信任、敬佩、忠诚和尊敬，并且领导者能够刺激部属注意更多工作结果的重要性，能够引导他们在组织或团队中超越自己的私心，并诱发部属至较高的标准需求。所以信任对变革型领导非常重要。Tyler 等（1996）的研究证明，变革型领导对组织信任具有显著的正面影响。基于以上分析，本文提出以下假设：

H4－5：变革型领导对员工的组织信任具有显著的正面影响。

第三节　研究方法

一　研究样本

本部分的研究样本见第三章。

二　研究工具

本研究组织信任、组织公平、组织气候、组织变革、组织政治知觉和变革型领导变量等变量的调查问卷见第三章。

控制变量：本研究主要采用平均数分析、单因素方差分析、相关分析和多元回归分析等方法来考察自变量对因变量的影响。为了消除其他变量可能会对因变量产生的影响，我们选择了性别、年龄、受教育程度、婚姻等个体因素作为控制变量，以消除它们对因变量的可能影响。

第四节　数据分析与假设检验

本研究采用统计分析软件 SPSS11.5 进行描述统计、差异检验、相关检验和回归分析，对概念模型提出的假设进行检验。

一　数据的信度和效度检验

本部分涉及的研究变量主要有组织信任、组织公平、组织政治知觉、组织气候、组织变革和变革型领导等。由表4－1可知，本研究结构变量的组成信度均大于 0.7 的通常标准，这表明本研究的样本具有较好的信度。从表 4 - 9 可以看出，样本各因子的 AVE 值均大于 0.5，说明样本具有很好的收敛效度，各因子的 AVE 值均大于该因子与其他因子的相关系数的平方，表明各因子具有较高的区别效度。

表 4 - 1　　　　　　　　　　各变量的总均值和标准差

	最小值	最大值	总均值	标准差	组成信度
组织信任	1.00	7.00	4.49	1.204	0.94
组织公平	1.00	7.00	4.32	1.255	0.82
组织政治知觉	1.00	7.00	4.38	1.400	0.91
组织气候	1.00	7.00	5.43	1.019	0.90
组织变革	1.00	7.00	3.53	1.233	0.87
变革型领导	1.00	7.00	4.89	1.072	0.90

二　个体因素对企业员工组织信任的影响

（一）不同性别员工的组织信任

对不同性别员工的组织信任进行单因素方差分析，结果如表4 - 2 所示。男性员工组织信任的均值为 4.362，女性员工组织信任的均值为 4.687。通过 F 检验，不同性别员工的组织信任的均值存在显著差异（$F = 4.441$，$P = 0.036 < 0.05$）。这说明在同等情况下，女性员工更容易信任组织。

表 4 - 2　　　　　　　　　不同性别员工的组织信任

	男性		女性	
	均值	标准差	均值	标准差
	4.362	1.282	4.687	1.050
F	4.441			
P	0.036			

（二）不同年龄员工的组织信任

对不同年龄员工的组织信任进行单因素方差分析，结果如表4－3所示。不同年龄员工的组织信任的均值最高的是36—40岁这个年龄段（均值＝4.987）；其次是31—35岁这个年龄段（均值＝4.650）；再次是25岁以下的年龄段（均值＝4.490）；均值较低的年龄段分别是40岁以上（均值＝4.347）和26—30岁（均值＝4.320）这两个年龄段。但总的来说，不同年龄员工的组织信任不存在显著性差异（F＝1.716，P＝0.147＞0.05）。

经多重比较（LSD）发现，员工的组织信任在26—30岁年龄段与36—40岁年龄段有显著性差异。36—40岁年龄段的员工组织信任的均值显著大于26—30岁年龄段的员工组织信任的均值。

表4－3　　　　　　　　不同年龄员工的组织信任

	25岁以下		26—30岁		31—35岁		36—40岁		40岁以上	
	均值	标准差	均值	标准差	均值	标准差	均值	标准差	均值	标准差
	4.490	1.436	4.320	1.203	4.650	1.000	4.987	0.802	4.347	1.123
F	1.716									
P	0.147									

（三）不同受教育程度员工的组织信任

对不同受教育程度员工的组织信任进行单因素方差分析，结果如表4－4所示。大专学历员工的组织信任均值最高（均值＝4.842）；其次是高中及以下员工的组织信任均值（均值＝4.596）；本科及以上学历的员工组织信任均值最低（均值＝4.265）。通过F检验，不同受教育程度员工的组织信任的均值之间存在显著差异（F＝6.304，P＝0.002＜0.05）。

经多重比较（LSD）发现，大专学历员工的组织信任与本科及以上学历员工的组织信任存在显著差异。大专学历员工组织信任的均值明显比本科及以上学历员工组织信任的均值高。

表 4 - 4　　　　　　　　不同受教育程度员工的组织信任

	高中及以下		大专		本科及以上	
	均值	标准差	均值	标准差	均值	标准差
	4.596	1.046	4.842	0.990	4.265	1.299
F	6.304					
P	0.002					

（四）不同婚姻状况员工的组织信任

对不同婚姻状况员工的组织信任进行单因素方差分析，结果如表 4 - 5 所示。通过 F 检验，不同婚姻状况员工的组织信任的均值之间存在显著差异（F = 3.770，P = 0.024 < 0.05）。从表 4 - 5 中可以发现，离婚员工组织信任的均值是最高的（均值 = 5.743）；其次是已婚员工的组织信任均值（均值 = 4.559）；未婚员工的组织信任均值（均值 = 4.348）最低。

表 4 - 5　　　　　　　　不同婚姻状况员工的组织信任

	未婚		已婚		离婚	
	均值	标准差	均值	标准差	均值	标准差
	4.348	1.341	4.559	1.071	5.743	0.703
F	3.770					
P	0.024					

经多重比较（LSD）发现，未婚的员工组织信任的均值显著低于离婚员工组织信任均值；已婚员工的组织信任均值也显著低于离婚员工的组织信任均值。

（五）不同职位员工的组织信任

对不同职位员工的组织信任进行单因素方差分析，结果如表 4 - 6 所示。通过 F 检验，不同职位员工的组织信任均值之间存在显著差异（F = 5.030，P = 0.026 < 0.05）。从表 4 - 6 中可以发现，中层

及以上员工的组织信任均值为 5.000，显著高于普通员工的组织信任均值（均值 = 4.436）。

表 4 - 6　　　　　　　　　　不同职位员工的组织信任

	普通员工		中层及以上员工	
	均值	标准差	均值	标准差
	4.436	1.211	5.000	1.024
F	5.030			
P	0.026			

（六）不同工作年限员工的组织信任

对不同工作年限员工的组织信任进行单因素方差分析，结果如表 4 - 7 所示。从表 4 - 7 中可以看出，工作 11—15 年的员工组织信任的均值最高（均值 = 4.617）；其次是工作 16 年以上的员工的组织信任均值（均值 = 4.605）；再次是工作 6—10 年的员工的组织信任均值（均值 = 4.574）；员工组织信任均值最低的是工作 1—5 年的员工，只有 4.399。单因素方差分析没有通过 F 检验，不同工作年限员工组织信任均值之间没有显著的差异。

表 4 - 7　　　　　　　　　不同工作年限员工的组织信任

	1—5 年		6—10 年		11—15 年		16 年以上	
	均值	标准差	均值	标准差	均值	标准差	均值	标准差
	4.399	1.292	4.574	1.130	4.617	1.010	4.605	1.133
F	0.548							
P	0.650							

（七）不同收入员工的组织信任

对不同收入水平员工的组织信任进行单因素方差分析，结果如表 4 - 8 所示。通过 F 检验，不同收入水平员工的组织信任均值之间存在显著差异（F＝5.335，P＝0.001＜0.05）。从表4－8中可以发现，月收入水平在2000元以下的员工组织信任均值最高，达到了4.770；月收入水平在3001—4000元的员工组织信任均值也达到了4.587；月收入水平在2001—3000元和4001元以上的组织信任均值最低，分别只有4.119和4.118。

表4－8　　　　　　　不同收入水平（月）员工的组织信任

	2000 元以下		2001—3000 元		3001—4000 元		4001 元以上	
	均值	标准差	均值	标准差	均值	标准差	均值	标准差
	4.770	1.197	4.119	1.244	4.587	1.000	4.118	1.160
F	5.335							
P	0.001							

经多重比较（LSD）发现，月收入水平在2000元以下的员工组织信任均值和月收入水平在2001—3000元、4001元以上的员工组织信任均值存在显著性差异；月收入水平在2001—3000元的员工组织信任均值和月收入水平在3001—4000元的员工组织信任均值存在显著性差异。

三　组织管理因素与企业员工组织信任相关分析

为了探讨来自组织管理方面的主要影响因素，我们就组织公平、组织气候、组织政治知觉、组织变革、变革型领导等组织管理方面的因素与组织信任进行相关分析，具体统计结果见表4－9。

从表4－9中可以看出，组织信任与组织公平、组织气候、组织政治知觉、组织变革、变革型领导等组织管理方面因素都存在非常显著的相关性。这一结果表明，组织信任是多种组织管理因素综合作用的结果，提高员工组织信任是一项系统工程，涉及管理的多个方面。从相关系数来看，组织公平与员工组织信任的相关度最高；其次是变革型领导、员工组织政治知觉；最后是组织气候；与组织信任相关程度最小的组织管理变量是组织变革。5 个组织管理方面的变量与组织信任都在 0.01 水平上显著。

表 4 - 9　　　　　　　　　　因子相关性及 AVE

	组织信任	组织公平	组织气候	组织政治知觉	组织变革	变革型领导
组织信任	0.70					
组织公平	0.535**	0.61				
组织气候	0.310**	0.276**	0.66			
组织政治知觉	-0.414**	-0.371**	-0.165**	0.63		
组织变革	-0.181**	-0.280**	-0.249**	0.240**	0.62	
变革型领导	0.424**	0.390**	0.545**	-0.263**	-0.216**	0.60

注：矩阵下三角为相关系数；对角线为 AVE 值；**表示显著性水平 $p < 0.01$。

四　企业员工组织信任的主要影响因素

为了研究企业员工组织信任的主要影响因素，将上述个体因素和来自组织的主要影响因素同时作为自变量，以企业员工组织信任作为因变量，采用多元逐步回归方法进行分析。

在回归分析之前需要检查数据之间的残差、共线性。本研究采用 Durbin - Watson 统计值来检验残差的独立性，用"容忍度"和"方差膨胀因子"（Variance Inflation Factor，VIF）来检验变量的多重共线性，用残差的散点图来检验数据间的线性关系，并用残差的直方图和累计概率图来检验数据是否服从正态分布。

从表 4 - 10a 中可以看出：Durbin - Watson 值为 1.806，比较接近 2，可以认为被解释变量的残差之间不存在自相关；收入水平、年龄、组织公平、组织政治知觉和变革型领导的容忍度值分别为 0.994、0.949、0.758、0.845 和 0.792，方差膨胀因子 VIF 的值分别为 1.006、1.053、1.319、1.183 和 1.262，都很接近于 1，表明变量之间不存在多重共线性问题。因此，研究数据符合线性回归的要求。

表4-10a　　　　企业员工组织信任多元逐步回归分析结果

	未标准化回归系数		标准化回归 系数 Beta	T 值	Sig.	共线性诊断	
	B	Std. Error				Tolerance	VIF
常数项	2.600	0.459		5.662	0.000**		
收入水平	-0.23	0.059	-0.190	-3.931	0.000**	0.994	1.006
年龄	0.111	0.050	0.110	2.220	0.027*	0.949	1.053
组织公平	0.353	0.053	0.368	6.631	0.000**	0.758	1.319
组织政治 知觉	-0.190	0.045	-0.221	-4.207	0.000**	0.845	1.183
变革型领导	0.283	0.061	0.252	4.646	0.000**	0.792	1.262
R				0.655			
R - squared				0.429			
F 值				36.815			
P 值				0.000**			
Durbin - Watson				1.806			

注：*表示显著性 $p < 0.05$；**表示显著性 $p < 0.01$。

表4-10b　　　　企业员工组织信任多元逐步回归分析结果

模型	R	R^2	调整后的 R^2	F	P
1	0.535	0.287	0.284	100.017	0.000
2	0.584	0.341	0.336	64.268	0.000
3	0.618	0.382	0.374	50.857	0.000
4	0.646	0.418	0.408	44.082	0.000
5	0.655	0.429	0.417	36.815	0.000

　　多元回归分析结果表明，除了收入水平、年龄等个体因素外，组织公平、组织政治知觉、变革型领导三个变量可以在多元回归模型中直接被接受为组织信任的前因变量，对因变量的预测达到了统计上的显著水平，即组织公平和变革型领导对组织信任具有显著而直接的正面影响作用，组织政治知觉对企业员工组织信任具有显著的负向影响作用。联合解释变异量为 0.429，即三个自变量能够联

合决定组织信任中 42.9% 的变异量。其中，组织公平的非标准化回归系数为 0.353，大于其他各自变量回归系数，说明组织公平对组织信任的影响要大于其他自变量的影响。三个自变量的 P – Value 均小于 0.01，达到显著性水平。假设 H4 – 1、假设 H4 – 3、假设 H4 – 5 得到实证支持。而组织气候、组织变革并未被模型接受（见表 4 – 10），也就是说，组织气候、组织变革对员工组织信任的影响不显著，即假设 H4 – 2、假设 H4 – 4 没有得到实证支持。因此，最有效的多元回归方程为：

$$T = 2.600 + 0.353 * OJ + (-) 0.190 * OP + 0.283 * TL$$

根据上述实证研究统计分析结果，我们可以看出，得到实证数据验证的前因变量及其相关模型如图 4 – 2 所示。

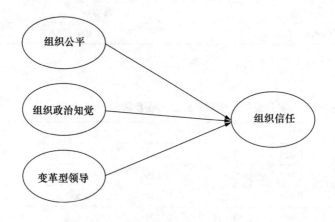

图 4 – 2　实际得到的企业员工组织信任影响因素模型

第五节　研究结论与讨论

本研究对影响企业员工组织信任的因素进行了研究，研究结果如下：其一，研究了员工个体因素对企业员工组织信任的影响。

①验证了不同性别员工的组织信任的均值存在显著差异；②验证了不同年龄段员工的组织信任不存在显著差别；③验证了不同受教育程度员工的组织信任的均值之间存在显著差异；④验证了不同婚姻状况员工的组织信任的均值之间存在显著差异；⑤验证了不同职位员工的组织信任的均值之间存在显著差异；⑥验证了不同工作年限员工的组织信任的均值之间没有显著的差异；⑦验证了不同收入水平员工的组织信任的均值之间存在显著差异。其二，研究了影响企业员工组织信任的主要因素。研究结果表明，组织公平、组织政治知觉和变革型领导是影响员工组织信任的直接和显著的因素，而组织变革和组织气候对企业员工组织信任的影响作用较弱，没有被多元回归模型接受为组织信任的直接影响变量。

本研究的理论贡献主要表现在：第一，发现了不同性别、受教育程度、婚姻、职位和收入的企业员工组织信任之间存在显著差异；第二，发现了组织公平、变革型领导和组织政治知觉三个影响企业员工组织信任的直接因素，而组织气候、组织变革对企业员工组织信任的影响并不显著。因此，本研究丰富和完善了组织信任影响因素领域的研究。

本研究的实践意义：本研究对企业如何提高员工组织信任，如何管理员工组织信任具有重要实际价值，主要体现在：

第一，要高度重视员工个体因素在提高员工组织信任中的作用。从本研究中可以看出，在同等情况下，女性员工更容易信任组织，这就告诉企业在招聘、晋升时不要歧视女性，和谐的劳资关系离不开女性员工；36—40岁年龄段的员工组织信任的均值显著超过26—30岁年龄段的员工组织信任的均值，这说明中年员工比青年员工更愿意相信组织。因此，一个企业要有比较高的员工信任水平，保持一定比例的中年员工就非常关键；大专学历员工组织信任的均值明显比本科及以上学历员工组织信任的均值高，这就要求企业在用人时，不要只追求高学历，也要关注那些受教育程度低的员工；离婚和已婚员工的组织信任均值显著高于未婚员工，要求企业在同等条件下，尽量招聘已婚员工或帮助员工成家，有利于提高员工组织信任；中层及以上员工的组织信任均值显著高于普通员工，这说明干部队伍对企业的重要性；不同收入水平的员工组织信任的均值存在显著差异，要求企业密切关注收入水平对员工组织信任的影响。

第二，要非常重视组织公平、变革型领导和组织政治知觉对企业员工组织信任的影响。本文通过实证研究发现在所有影响企业员工组织信任的组织管理因素中，组织公平的影响作用要超过其他因素，这就告诉企业在管理中要特别注意公平，只有员工相信企业会公平对待自己，那么该企业的员工对组织的信任程度才可能高。变革型领导是另一个影响企业员工组织信任的关键因素，只要我们的企业领导在工作中表现出对员工真心关怀、帮助员工成长、在工作中超越自己的私心就一定可以提高员工的组织信任水平。组织政治知觉对企业员工组织信任也会产生一定的影响，而且是负面影响，这就要求企业健全组织制度、减少人为操作，做到公开、公正，降低员工的组织政治知觉，从而提高员工的组织信任水平。

第五章 变革型领导对企业员工 组织信任的影响机制

第一节 研究目的

本研究在研究一的基础上，进一步探讨企业员工组织信任影响因素的内部作用机制。变革型领导、组织公平、组织政治知觉是企业员工组织信任的直接而显著的影响因素，但是变革型领导、组织公平、组织政治知觉对企业员工组织信任影响的机制尚不清楚，因此，非常有必要探讨它们之间的相互关系。

第二节 模型与假设

领导者作为企业经营活动的决策者和实施者，他们的领导风格对组织氛围及员工的态度、行为将产生深刻的影响。对于能够引起员工对领导者感到信任、敬佩、忠诚以及尊敬，并且领导者能够激发员工关注工作结果的重要性，能够带领他们在组织或团队中超越私利并引导员工至更高的标准需求（Bass，1985），这就是变革型领导。因此，变革型领导是凭借个人的魅力、影响力来激发、鼓舞员工超越个人私利。而组织信任则是企业员工对特定组织整体的信任知觉。

　　在第四章已经验证了变革型领导、组织政治知觉和组织公平对企业员工组织信任具有直接显著的影响作用。在第二章中，本研究发现已经有不同的学者对变革型领导与组织政治知觉、组织公平的关系进行了探讨，验证了变革型领导对组织政治知觉、组织公平具有显著的影响作用。基于此，本研究试图构建以变革型领导为自变量，组织政治知觉、组织公平为中介变量，组织信任为因变量的概念模型，如图 5 - 1 所示，以探讨变革型领导对企业员工组织信任影响的作用机制。

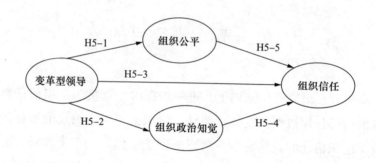

图 5 - 1　变革型领导、组织公平、组织政治知觉和组织信任的概念模型

一　变革型领导与组织公平

　　变革型领导被认为是领导者利用自身的魅力，在工作中给予员工以鼓励、个别关怀和授权并帮助员工圆满地完成工作。而组织公平则是指组织在资源分配、奖惩等方面给予员工的一种心理感受。一般认为变革型领导对员工组织公平具有显著的正向影响。因为当员工感受到领导的变革型领导风格时，通常认为领导在处理组织事务时是公平、公正的。Pillai 等（1999）在研究中指出变革型领导会正向显著地影响组织公平。吴惠钧（2006）在研究领导行为、组织公平、信任、组织承诺与组织公民行为关系时，发现变革型领导会显著地正向影响员工的组织公平。基于以上分析，本文提出以下假设：

H5-1：变革型领导对员工的组织公平具有显著的正面影响。

二　变革型领导与组织政治知觉

组织政治知觉是员工根据自己的组织政治经验，对工作环境中的行为和事件的认知、评价。Nye 等（1993）认为员工产生组织政治知觉的原因是没有公平的支持系统，也就是说组织内呈现专断的政策制定或工作环境的政治化。一般认为员工组织政治知觉是不利于组织的，有损于组织的效能。Kacmar 等（1999）在研究中发现领导行为对员工组织政治知觉有重要的预测作用。Eran 等（2007）在研究以色列公共安全部门员工时发现，变革型领导与员工组织政治知觉呈显著负相关。贺邵兵等（2008）在研究领导行为对员工组织政治知觉、组织承诺的影响时发现，变革型领导与员工组织政治知觉呈显著负相关。基于以上分析，本文提出以下假设：

H5-2：变革型领导对员工的组织政治知觉具有显著的负面影响。

三　变革型领导与组织信任

领导是一种影响群体达成目标的能力。变革型领导是指员工对领导者感到由衷的信任、敬佩、忠诚和尊敬，并且领导者能够激发员工注意更多工作结果的重要性，能够引导他们在工作中超越自己的私心，并引导员工有更多的追求。所以，信任对变革型领导非常重要（Bass，1985），而且员工也会因钦佩领导者表现出对领导和组织高度的信任（Kirkpatrick，1996）。因此，变革型领导与员工组织信任应该是一种正相关关系。Podsakoff 等（1990）认为变革型领导风格能够显著地正向影响员工的组织信任。Tyler 等（1996）的研究证明，变革型领导对组织信任有显著的正面影响。贾良定等（2006）的研究也验证了变革型领导对员工组织信任具有显著的正向影响。基于以上分析，本文提出以下假设：

H5 - 3：变革型领导对员工的组织信任具有显著的正面影响。

四　组织政治知觉与组织信任

组织信任是员工对特定组织整体的信任程度。组织信任常常被看作员工对组织正面的情感反应，员工对组织的信任程度越高，其工作态度和行为越有利于组织。而目前大多数研究均认为组织政治行为是不利于组织的，员工组织政治知觉通常被认为是员工对组织负面的情感反应。因此，可以推论出组织政治知觉与组织信任应呈负相关。Ferris 等（1992）在研究中发现，当组织成员感知到组织政治程度高时，会降低其对组织和同事的信任程度。台湾学者谢哲豪（2006）在研究中验证组织政治知觉与信任存在显著的负相关关系。Poon 等（2003）的研究也验证了组织政治知觉与信任呈显著负相关关系。由此可知，组织政治知觉对组织信任具有显著的负面影响。基于以上分析，本文提出以下假设：

H5 - 4：组织政治知觉对员工的组织信任具有显著的负面影响。

五　组织公平与组织信任

组织公平就是员工对特定组织公平、公正的认知和感受，即组织在资源分配以及各方面的奖惩过程中，员工感受到的公平待遇。组织信任也是员工的一种主观心理状态，是员工对组织整体的信任程度，因此，组织公平和组织信任是社会关系中的两个重要情景因素。Konovsky 和 Pugh（1994）、Nyhan 等（2000）在研究中发现组织公平会正向显著地影响组织信任。基于以上分析，本文提出以下假设：

H5 - 5：组织公平对员工的组织信任具有显著的正面影响。

六　综合模型

综上所述，在假设 H5 - 1、H5 - 2、H5 - 3、H5 - 4 和 H5 - 5 的基础上，可以进一步假设，变革型领导通过影响组织公平、组织政治知觉，从而影响员工组织信任。在方法上，选用中介效应来进行诠释，中介变量是指自变量通过影响它来影响因变量，代表着一种机制。按照 Baron 和 Kenny 等（1986）的研究理论，根据现有的组织公平、组织政治知觉的实证研究成果，我们认为组织公平、组织政治知觉适合作为变革型领导与员工组织信任之间的中介变量。基于以上分析，本文提出以下假设：

H5 - 6：组织公平在变革型领导与员工组织信任之间起中介作用。

H5 - 7：组织政治知觉在变革型领导与员工组织信任之间起中介作用。

第三节　研究方法

一　研究样本

本部分的研究样本见第三章。

二　研究工具

第一，变革型领导的研究问卷见第三章。

第二，组织公平的研究问卷见第三章。

第三，组织政治知觉的研究问卷见第三章。

第四，组织信任的研究问卷见第三章。

三　统计分析工具

本研究利用 SPSS11.5 和 LISREL8.71 对调查数据进行统计分析。

第四节　数据检验

一　信度和效度检验

本研究采用组成信度系数来检验样本的信度。经测验各变量测量量表的组成信任系数均大于 0.7 的水平，从表 5-1 可以看出，结构变量的组成信度系数在 0.82—0.94 变化，这说明本研究中各结构变量的衡量具有较好的信度。

本研究使用 LISREL8.71 软件做验证性因子分析，采用平均方差提取（Average Variance Extracted，AVE）来检验样本的收敛效度和区别效度。表 5-1 是样本各因子的 AVE 值和相关系数，位于对角线上的 AVE 值均大于 0.5，且样本两个因子之间相关系数的平方均小于对角线上的 AVE 值，根据 Hair 等的研究，说明样本具有较好的效度。

表 5-1　　　　　　　　　　　AVE、CR 及因子相关性

	①	②	③	④	CR
①变革型领导	0.60				0.90
②组织公平	0.390**	0.61			0.82
③组织政治知觉	-0.263**	-0.371**	0.63		0.91
④组织信任	0.424**	0.333**	-0.414**	0.70	0.94

注：矩阵下三角为相关系数；对角线为 AVE 值；CR 为组成信度；**表示显著性水平 p<0.01。

二　实证结果

本研究使用 LISREL8.71 软件对结构方程模型和假设进行检验。结果如图 5-2 所示。绝对拟合指数：χ^2 为 576.29，df 为 204；GFI

为 0.83；近似误差方根 RMSEA 为 0.085，小于 0.10，表示好的拟合。相对拟合指标 NFI = 0.94、NNFI = 0.96、CFI = 0.96、IFI = 0.96，均超过了 0.9 的建议标准，说明本研究所构建的模型与数据呈现出较好的拟合度。

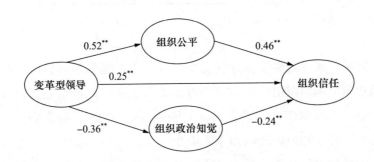

图 5 - 2　变革型领导、组织公平、组织政治知觉和组织信任的结构方程
注：** 表示显著性水平 p < 0.01。

本研究提出的假设路径均得到了实证结果支持（见表 5 - 2）。具体来说，变革型领导对组织公平具有显著的正向影响（r = 0.52，p < 0.01），因此，H5 - 1 得到支持。变革型领导对组织政治知觉具有显著的负向影响（r = - 0.36，p < 0.01），因此，H5 - 2 得到支持。变革型领导对组织信任具有显著的正向影响（r = 0.25，p < 0.01），因此，H5 - 3 得到支持。组织政治知觉对组织信任具有显著的负向影响（r = - 0.24，p < 0.01），因此，H5 - 4 得到支持。组织公平对组织信任具有显著的正向影响（r = 0.46，p < 0.01），因此，H5 - 5 得到支持。

表 5 - 2　　　　　　结构模型的路径系数和假设检验结果

假设路径	标准化系数	结果
H5 - 1：变革型领导→组织公平	0. 52**	支持
H5 - 2：变革型领导→组织政治知觉	- 0. 36**	支持

假设路径	标准化系数	结果
H5-3：变革型领导→组织信任	0.25**	支持
H5-4：组织政治知觉→组织信任	-0.24**	支持
H5-5：组织公平→组织信任	0.46**	支持

注：** 表示显著性水平 p < 0.01。

同时，通过观察结构方程模型可以发现，变革型领导除直接显著地正向影响组织信任外，还通过组织公平和组织政治知觉而间接地影响员工组织信任。根据 Baron 和 Kenny（1986）的研究，可以考虑组织公平和组织政治知觉的中介效应。表 5-3 给出了 5 个嵌套关系的结构方程模型。模型 3、模型 5 都说明组织公平、组织政治知觉在变革型领导与组织信任中无中介作用，根据数据拟合指标，模型 3、模型 5 对数据的拟合其实也可以，但相对模型 1、模型 2、模型 4 而言要差一些，模型 3、模型 5 的 χ^2/df 分别是 3.18 和 3.78，RMSEA 分别是 0.094 和 0.10，而模型 1、模型 2、模型 4 的 χ^2/df 均小于 3，RMSEA 均小于 0.09，因此，拒绝接受模型 3、模型 5。模型 1 说明组织公平和组织政治知觉在变革型领导与组织信任之间起部分中介作用，模型 2 说明组织公平、组织政治知觉在变革型领导与组织信任之间起完全起中介作用，模型 4 说明组织公平、组织政治知觉在变革型领导与组织信任之间无中介作用。从拟合指数来看，模型 1、模型 2、模型 4 数据拟合均不错，但从 χ^2/df 来看，三个模型是有显著性差异的，模型 1 的 χ^2/df 值为 2.82，小于模型 4 和模型 2 的 χ^2/df 值，因此我们接受 χ^2/df 值更小的模型，即接受模型 1，认为组织公平和组织政治知觉在变革型领导与组织信任之间起部分中介作用。再进一步比较变革型领导与组织信任之间关系的变化。在模型 5 中，完全不考虑组织公平、组织政治知觉的中介作用，两者的路径系数是 0.56（p < 0.01）。在模型 1 中考虑组织公平、组织政治知觉的中介作用，变革型领导与组织信任的路径系数

减少为 0.25（p ＜ 0.01），系数减弱是显著的，这就说明了组织公平和组织政治知觉在变革型领导与组织信任之间起部分中介作用，因此，H5－6、H5－7 得到实证支持。

表 5－3　　　　　　　　　　结构方程模型比较

结构模型	χ^2/df	RMSEA	CFI	NFI
1. 部分中介作用模型：TL→OJ、OP→T 和 TL→T	2.82	0.085	0.96	0.94
2. 完全中介作用模型：TL→OJ、OP→T	2.87	0.086	0.96	0.94
3. 无中介作用模型：TL→OJ、OP 和 TL→T	3.18	0.094	0.96	0.96
4. 无中介作用模型：OJ、OP→T 和 TL→T	2.85	0.086	0.96	0.94
5. 无中介作用模型：TL→T	3.78	0.10	0.97	0.95

注：TL 表示变革型领导；OJ 表示组织公平；OP 表示组织政治知觉；T 表示组织信任。

第五节　研究结论与讨论

本研究在研究一的基础上，进一步探讨了变革型领导对企业员工组织信任的影响机制。研究结论如下：第一，变革型领导对员工组织信任具有直接显著的正向影响；第二，变革型领导对组织公平具有直接显著的正向影响；第三，变革型领导对组织政治知觉具有直接显著的负面影响；第四，组织公平对员工组织信任具有直接显著的正向影响；第五，组织政治知觉对员工组织信任具有直接显著的负面影响；第六，变革型领导除了直接显著地影响员工组织信任外，还通过组织公平、组织政治知觉对员工组织信任产生间接的影响，组织公平、组织政治知觉是变革型领导影响员工组织信任的部分中介变量。

本研究的理论贡献主要体现在：首先，本研究通过实证研究揭示了变革型领导、组织公平、组织政治知觉对企业员工组织信任的影响机制；其次，验证了组织公平、组织政治知觉在变革型领导影响企业员工组织信任中起部分中介作用，因此变革型领导除了对企业员工组织信任产生直接的影响作用外，还通过组织公平、组织政治知觉对企业员工组织信任产生影响作用；最后，本研究对中国背景下企业员工组织信任理论的研究具有重要的理论意义。

本研究的实践作用体现在：

第一，变革型领导是影响企业员工组织信任的关键因素之一。本研究再次验证变革型领导能够提高员工的组织信任，因此在实际工作中，企业领导者越是表现出较强的领导魅力和感召力，则员工的组织信任程度就越能提高。这就要求企业领导要不断培养自己的变革型领导风格，在工作中表现出自信、能干和有魄力，为了团队和组织利益不计个人得失，给员工传达一种使命感等。

第二，要关注变革型领导对企业员工组织公平和组织政治知觉的影响。变革型领导具有高尚的品德，具有使员工心悦诚服的特质或行为，能够得到员工的认同、尊重和信任，这就有利于形成员工的组织公平感以及比较低的组织政治知觉。

第三，要重视组织公平和组织政治知觉在变革型领导影响企业员工组织信任的中介作用。本研究揭示变革型领导、组织公平和组织政治知觉在影响企业员工组织信任过程中的逻辑关系。这就要求企业要特别关注变革型领导对员工组织信任的传导机制，要充分发挥变革型领导的作用，还要建立公平的组织制度和保持较低的组织政治氛围。

第六章 企业员工组织信任的中介效应

第一节 研究目的

本部分研究在前述研究的基础上侧重于探讨企业员工组织信任在它影响变量与结果变量之间的中介效应。第四、第五章的研究已经验证组织公平、变革型领导、组织政治知觉对企业员工组织信任有显著影响作用；已有文献验证组织公平、变革型领导、组织政治知觉和企业员工组织信任对工作满意度和离职倾向都有显著影响作用。因此有必要探讨企业员工组织信任在其中的中介效应。

第二节 研究假设

组织政治是任何组织客观存在的现实。在社会的各种组织中，组织的各个层面，各个发展阶段，政治行为无处不在。组织政治实质上就是个体或群体以牺牲他人利益谋取自我利益。而组织政治知觉则是指员工在组织里感知到别人的政治行为，不是指个人的政治行为。Ferris 等（1992）将组织政治知觉界定为员工个人、群体和组织都追求自我利益的活动，而员工对于这些活动的认知评价和主观感受。而组织公平则是员工对组织在资源分配的结果是否公平的知觉（Folger et al，1985）。变革型领导则是通过让员工感受到所承担工作的意义，从而激发员工的高水平的需要，促使员工为了团队或组织的利益而超越个人的私利，并产生超过期望的工作效果（Bass，1985）。组织信任则是指企业员工对特定组织整体的信任程度。

在第四、第五章，已经验证了组织政治知觉、组织公平和变革型领导对企业员工组织信任的影响作用。在第二章的理论回顾中，发现已经有学者对组织政治知觉、组织公平、变革型领导和组织信任对工作满意度、离职倾向等工作态度变量影响进行过研究，验证了组织政治知觉、组织公平、变革型领导和组织信任对员工工作满意度、离职倾向的显著影响作用。而从已有的文献来看，将企业员工组织信任作为组织政治知觉、组织公平和变革型领导影响工作态度的中介变量的研究较少。因此，本研究希望在该领域有所突破并做出贡献。企业员工组织信任的中介效应如图6-1所示。

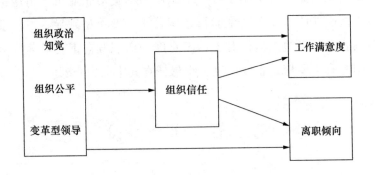

图6-1　企业员工组织信任的中介效应

一　组织政治知觉、组织公平和变革型领导与组织信任

组织信任是指在一个特定的组织里，员工对组织整体的信任程度。目前把组织政治知觉和组织信任联系起来的研究较少。不过大多数的研究均认为组织政治行为是不利于组织的，而组织信任则被看作减少组织内部摩擦的"润滑剂"，是提高企业凝聚力的"胶合剂"，有助于从根本上提高组织的绩效和凝聚力，是组织取得竞争优势的一个基本要素。员工对组织的信任程度越高，其工作态度和行为越有利于组织。因此，可以推论出组织政治知觉与组织信任应呈负相关关系。Ferris 等（1992）在研究中发现，当组织成员感知到组织政治程度高时，会降低其对组织和同事的信任程度。台湾学者谢哲豪（2006）在研究中验证组织政治知觉与信任存在显著的负相关关系。Poon 等（2003）的研究也验证了组织政治知觉与信任呈显著负相关关系。由此可推知，组织政治知觉对组织信任存在显著负面影响效应，即员工对组织政治知觉的程度越高，其对组织信任的程度就越低。而组织公平则被认为是员工对组织的一种主观感受，组织在资源分配以及各方面的奖惩过程中，员工所感受到的公平待遇。Konovsky 和 Pugh（1994）在研究中发现组织公平会正向显著地影响组织信任。Nyhan（2000）发现，组织公平与组织信任存在显著的相关关系。因此，组织公平与组织信任应该存在密切的关系。变革型领导是员工对管理者所持有信赖、仰慕、忠诚及尊敬等感觉，管理者通过改变员工的价值观念、发掘其潜能、提高信心等方式来提升员工对组织目标的承诺，为组织付出个人期望外的努力。Bennis 和 Nanus（1985）认为变革型领导与信任之间具有直接关系。Tyler 等（1996）的研究验证变革型领导对组织信任有显著的正面影响。Podsakoff 等（1990）研究验证信任直接与变革型领导有关。因此，可以得到变革型领导与组织信任具有显著的相关关系。基于以上分析，本文提出以下假设：

H6－1a：组织政治知觉对员工的组织信任具有显著的负面影响。

H6－1b：组织公平对员工组织信任具有显著的正面影响。

H6－1c：变革型领导对员工组织信任具有显著的正面影响。

二　组织政治知觉、组织公平和变革型领导与工作满意度

工作满意度被看作员工对工作本身以及工作的心理与生理两方

面对环境因素的一种态度。而组织政治知觉被认为是员工根据自己的组织政治经验，对工作环境中的行为和事件的认知、评价。因此，工作满意度与组织政治知觉应该有着非常紧密的联系。实证研究表明：工作满意度与组织政治知觉之间存在显著的负相关关系。Ferris 等（1992，1996）、Witt 等（2000）、Parke 等（1995）的研究都验证了员工的工作满意度将随他们的组织政治知觉的增加而减少。其原因在于，当员工感知到组织政治的氛围较高时，就会对组织公平、升迁和加薪机会等方面产生怀疑，认为其工作环境存在不利，因而就会降低其工作满意度。而组织公平同样对员工工作满意度有显著的影响。Kim 和 Mauborgne（1993）在研究跨国公司策略的运用中发现，子公司高层管理者对母公司的程序公平的感知，就会影响其对组织承诺和工作满意度等态度变量。Pearce 等（1998）在研究中发现美国和立陶宛两国的员工的组织公平与组织承诺相关。Pillai 等（1999）在研究澳大利亚、哥伦比亚、印度和美国等国家时发现程序公平和分配公平对工作满意度均有显著的影响。变革型领导能够提高和改善员工工作满意度的观点已经被实证结果所验证。Yammarino 等（1994）在针对药品销售人员进行的研究中发现，变革型领导和销售人员的工作满意度呈正相关。Medley 和 Laro-chelle（1995）以护理人员为样本进行研究，发现变革型领导和工作满意度呈正相关。Walumbwa 等（2005）以美国和肯尼亚两国的财务机构人员为研究对象，发现在不同的文化上，变革型领导对工作满意度和组织承诺均有正向影响。根据以上分析，本文提出以下假设：

H6 - 2a：组织政治知觉对员工的工作满意度具有显著的负面影响。

H6 - 2b：组织公平对员工工作满意度具有显著的正面影响。

H6 - 2c：变革型领导对员工工作满意度具有显著的正面影响。

三　组织政治知觉、组织公平和变革型领导与离职倾向

组织政治被看作组织中的相对独立的利益集团或个人用来促进或保护私利的，即团体或个人以牺牲他人利益谋取自我利益。当员工感知到组织政治时，无疑会影响员工对组织的正面评价，产生不满意感，而离职倾向一般被认为是对工作不满意、产生离职念头、有寻找其他工作的倾向以及找到其他工作可能性的总体表现（Ferris et al.，1996）。因此，可以判断员工组织政治知觉与离职倾向应呈正相关。Cropanzano 等（1997）、Kacmar 等（1999）、Valle 等（2000）都实证了员工组织政治知觉与离职倾向呈显著正相关，也就是说，员工的离职倾向随着组织政治知觉程度的提高而提高。不过变革型领导被相关学者验证与离职倾向存在负向影响作用。台湾学者施妤璇（2006）在研究领导风格对工作绩效与离职倾向的影响中验证了变革型领导对离职倾向具有较显著的负向影响。陈致中、张德（2010）在研究中国背景下变革型领导、组织承诺与离职意向关系中也发现，变革型领导对离职意向产生负向影响作用。一些研究认为，当面对较低的分配公平时，员工会选择辞职来结束这种不公平。Fields、Pang 和 Chin（2000）在研究分配公平和程序公平作为员工结果变量的前因时，指出分配公平对香港员工的留职意愿有显著的影响。蒋春燕（2007）在研究员工公平与组织承诺和离职倾向之间的关系时，验证了分配公平和程序公平对员工离职倾向均有显著的负向影响。李钰卿、张小林（2008）运用回归分析方法验证了薪酬公平对离职倾向具有显著的负向影响。基于以上分析，本文提出以下假设：

H6-3a：组织政治知觉对员工的离职倾向具有显著的正向影响。

H6-3b：组织公平对员工的离职倾向具有显著的负向影响。

H6-3c：变革型领导对员工的离职倾向具有显著的负向影响。

四　组织信任与工作满意度

组织信任就是员工对组织整体的信任程度，代表着员工对组织正面的情感流露，而工作满意度被看作员工对工作的满意感受，即工作者对工作情境的一种主观反应，也是员工对组织的一种正面评价。由此可以判断组织信任与工作满意度应呈正相关。Driscoll（1978）在研究大学教职员工的信任与满意度的关系时发现组织信任对整体满意度有很好的预测力。McCauley 和 Kuhnert（1992）发现，对组织有较高信任感的员工，会有较高的工作满意感。黎士群（1999）的研究验证了人际信任对工作满意度有正向影响，即人际信任程度越高，则工作满意度越高。林千惠（2006）在研究中验证了组织内信任与员工工作满意度有正相关关系。韩念嘉（2007）在研究中也发现信任与员工整体工作满意度呈中度显著正相关关系。总之，实证结果表明组织信任与工作满意度存在显著正相关关系。可以认为员工对组织信任的程度越高，其工作满意度就越高。基于以上分析，本文提出以下假设：

H6 - 4：组织信任对员工工作满意度具有显著的正面影响。

五　组织信任与离职倾向

组织信任作为一种重要的社会资源，对员工行为和组织有着重要的影响，代表着员工对组织的一种正面评价，而离职倾向则是员工由于对工作不满意而产生的离职念头、寻找其他工作的倾向，是员工对组织的负面评价。Jone 等（1998）认为组织信任可以降低员工的离职倾向。因此，可以认为员工组织信任与离职倾向是一种负相关关系。于海波等（2007）通过实证研究验证组织信任对离职倾向具有显著的负向预测效果。赵慧军等（2008）在研究中也发现员工对组织信任能够降低由于组织缺乏分配公平、信息公平而产生的离职倾向。基于以上分析，本文提出以下假设：

H6 - 5：组织信任对员工离职倾向具有显著的负面影响。

六　综合模型

如上所述，就组织政治知觉、组织公平和变革型领导—组织信任，组织政治知觉、组织公平和变革型领导—工作满意度、离职倾向，组织信任—工作满意度、离职倾向这三对关系分别已经有学者进行了不同程度的研究，而且验证了它们之间均有显著关系。不过，学者们只注重它们之间的两两关系，并没能揭示组织政治知觉、组织公平和变革型领导对员工工作满意度、离职倾向影响的作用机制。组织信任被看作员工对组织的一种正面的情感反应，是有利于组织的主观心理。作为对组织的肯定态度，组织信任处于各种组织关系的中心地位。因此，本文试图通过构建"组织政治知觉、组织公平和变革型领导—组织信任—工作满意度和离职倾向"模型，并对此进行验证。

在假设 H6-1、H6-2、H6-3、H6-4、H6-5 的基础上，可以进一步假设，组织政治知觉、组织公平和变革型领导通过影响员工的组织信任，从而影响工作满意度和离职倾向。在方法上，选用中介效应进行诠释，中介变量是指自变量通过影响它来影响因变量，代表着一种机制。按照 Baron 和 Kenny 等（1986）的理论，根据现有的组织信任的实证研究成果，本研究认为组织信任适合作为组织政治知觉、组织公平和变革型领导与工作满意度、离职倾向之间的中介变量。基于以上分析，本文提出以下假设：

H6-6a：组织信任是员工组织政治知觉对工作满意度起影响作用的中介变量。

H6-6b：组织信任是员工组织政治知觉对离职倾向起影响作用的中介变量。

H6-7a：组织信任是组织公平对工作满意度起影响作用的中介变量。

H6-7b：组织信任是组织公平对离职倾向起影响作用的中介变量。

H6－8a：组织信任是变革型领导对工作满意度起影响作用的中介变量。

H6－8b：组织信任是变革型领导对离职倾向起影响作用的中介变量。

第三节 研究方法

一 研究样本

本部分的研究样本见第三章。

二 研究工具

第一，组织政治知觉的研究问卷见第三章。

第二，组织公平的研究问卷见第三章。

第三，变革型领导的研究问卷见第三章。

第四，组织信任的研究问卷见第三章。

第五，工作满意度的研究问卷见第三章。

第六，离职倾向的研究问卷见第三章。

三 统计分析工具

本研究利用 SPSS11.5 和 LISREL8.71 对调查数据进行统计分析。

第四节 检验结果与分析

一 数据的信度和效度检验

由表 6－1 可知，本研究结构变量的组成信度均大于 0.7 的水平，这说明本研究的样本具有较好的信度。样本各因子的 AVE 值均大于 0.5，且样本两个因子之间相关系数的平方均小于对角线上的 AVE 值，说明样本具有较好的效度。

表 6 - 1　　　　　　　　AVE、CR 及因子相关系数

潜变量	均值	标准差	1	2	3	4	5	6	CR
①组织政治知觉	4.38	1.400	0.63						0.91
②组织公平	4.32	1.255	-0.371**	0.61					0.82
③变革型领导	4.89	1.072	-0.263**	0.390**	0.60				0.90
④组织信任	4.49	1.204	-0.414**	0.535**	0.424**	0.70			0.94
⑤工作满意度	4.66	1.125	-0.255**	0.349**	0.357**	0.483**	0.62		0.86
⑥离职倾向	3.31	1.414	0.313**	-0.424**	-0.440**	-0.539**	-0.449**	0.79	0.92

注：矩阵下三角为相关系数；对角线为 AVE 值；CR 为组成信度；**表示显著性水平 $p < 0.01$。

二　中介效应检验

本研究利用结构方程模型对假设 6 - 6、假设 6 - 7 和假设 6 - 8 进行检验。根据 James 等（2006）的研究，第一步，检验自变量对中介变量的显著性影响；第二步，检验是否存在部分中介效应。在对部分中介效应进行检验时，需要确定模型的合理性以及路径的显著性，此外，还需要比较部分中介模型和完全中介模型的模型拟合度优劣，以确定是否接受某个模型。在模型比较时，可能会出现两个模型的各种拟合指标都符合要求的情况，此时，就要看两个模型是否存在显著性差异，如果有显著性差异，就选择拟合指标更优的模型，否则，就按照"简约规则"选取路径少的模型。

（一）组织信任在组织政治知觉与工作满意度、离职倾向之间的中介效应分析

根据 James 等（2006）的检验中介效应的方法，首先，检验组织政治知觉对组织信任的显著性影响。从表 6 - 1 中可以看到，组织

政治知觉对组织信任存在显著性影响（r = - 0.414，p < 0.01），因此，假设 H6 - 6a、假设 H6 - 6b 的中介效应前提条件能够成立。其次，根据完全中介效应和部分中介效应的假设路径，运用结构方程模型技术进行编程和计算。从表 6 - 2 的比较结果来看，完全中介模型和部分中介模型的各种拟合指数没有显著性差异，因此根据"简约规则"，我们选择路径少的模型，就是完全中介模型。

表 6 - 2　组织信任在组织政治知觉与工作满意度、离职倾向之间
的完全和部分中介结构模型的各种拟合指标及其比较

模型	χ^2	df	χ^2/df	RMSEA	CFI	NNFI	IFI	GFI
完全中介	460.34	167	2.76	0.084	0.97	0.97	0.97	0.84
部分中介	457.43	165	2.77	0.084	0.97	0.97	0.97	0.85
模型比较	$\triangle \chi^2 = 2.91$，$\triangle df = 2$　$\triangle \chi^2/df = 1.455$							

注：当 df = 1 时，p < 0.05 的临界值为 $\chi^2 = 3.84$。

图 6 - 2 是组织信任在组织政治知觉与工作满意度、离职倾向之间的完全中介效应结构方程模型标准化路径系数图，变量之间各条路径系数的 t 值均大于 2，也就是说，各条路径系数都是显著的。组织政治知觉除了对员工组织信任具有直接显著的负面影响外，完全通过组织信任对工作满意度和离职倾向产生显著性影响。

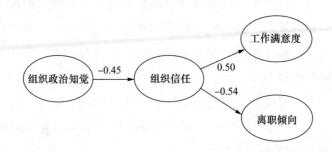

图 6 - 2　组织信任在组织政治知觉与工作满意度、
离职倾向之间的完全中介模型

组织政治知觉对工作满意度的影响效果为 -0.225（-0.45×0.50），对离职倾向的影响效果为 $0.243[-0.45 \times (-0.54)]$。因此，假设 H6-6a、假设 H6-6b 得到实证支持。

（二）组织信任在组织公平与工作满意度、离职倾向之间的中介效应分析

按照 James 等（2006）的方法对假设 H6-7a、假设 H6-7b 进行验证。从表6-1中可以看出，组织公平对组织信任有显著的影响（$r=0.535$，$p<0.01$），因此，假设 H6-7a、假设 H6-7b 的中介效应前提条件能够成立。然后运用结构方程模型技术根据完全中介效应和部分中介效应的假设路径进行编程和计算，从表6-3完全中介和部分中介模型的拟合指标来看，没有显著性差异，因此按照"简约规则"，我们选择完全中介模型。

表6-3　组织信任在组织公平与工作满意度、离职倾向之间
的完全和部分中介结构模型的各种拟合指标及其比较

模型	χ^2	df	χ^2/df	RMSEA	CFI	NNFI	IFI	GFI
完全中介	294.34	116	2.53	0.078	0.98	0.97	0.98	0.88
部分中介	288.98	114	2.53	0.078	0.98	0.98	0.98	0.88
模型比较	\multicolumn{8}{l}{$\triangle \chi^2 = 5.36$，$\triangle \text{df} = 2$ $\triangle \chi^2/\text{df} = 2.68$}

注：当 df=1 时，$p<0.05$ 的临界值为 $\chi^2=3.84$。

图6-3是组织信任在组织公平与工作满意度、离职倾向之间的完全中介模型标准化路径系数图，变量之间各条路径系数的 t 值均大于2，也就是说各条路径系数都是显著的。

从图6-3中可以看到，组织公平通过员工组织信任对工作满意度的间接影响效应为 0.3286（0.62×0.53），通过员工组织信任对离职倾向的间接影响效应为 $-0.3658[0.62 \times (-0.59)]$。因此，组织信任在组织公平影响工作满意度、离职倾向之间起完全中介效应，假设 H6-7a、假设 H6-7b 得到实证支持。

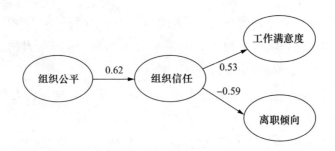

图6-3 组织信任在组织公平与工作满意度、离职倾向之间的完全中介模型

（三）组织信任在变革型领导与工作满意度、离职倾向之间的中介效应分析

按照 James 等（2006）检验中介效应的方法，第一步，检验变革型领导对组织信任的显著性影响。从表6-1中可以看出，变革型领导对组织信任有显著的影响（r = 0.424，p < 0.01），因此我们认为假设 H6-8a、假设 H6-8b 的中介效应前提条件能够成立。第二步，运用结构方程模型技术对完全中介和部分中介的假设路径进行验证，其拟合指标如表6-4所示。从表6-4中可以看出，部分中介模型的各种拟合指标要优于完全中介模型，而且与完全中介模型有显著性差异，因此，我们选择部分中介模型。

表6-4 组织信任在变革型领导与工作满意度、离职倾向之间的完全和部分中介结构模型的各种拟合指标及其比较

模型	χ^2	df	χ^2/df	RMSEA	CFI	NNFI	IFI	GFI
完全中介	459.59	167	2.75	0.085	0.97	0.97	0.97	0.84
部分中介	428.08	165	2.59	0.080	0.97	0.97	0.97	0.85
模型比较	$\triangle \chi^2 = 31.51$，$\triangle df = 2$ $\triangle \chi^2/df = 15.755$**							

注：当 df = 1 时，p < 0.01 的临界值为 $\chi^2 = 6.63$，** 表示显著性水平 p < 0.01。

图6-4是组织信任在变革型领导与工作满意度、离职倾向之间起部分中介效应结构方程模型标准化路径系数图，各变量之间路径

系数的 t 值均大于 2，也就是说各条路径系数都是显著的。

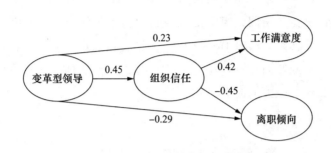

图 6-4 组织信任在变革型领导与工作满意度、
离职倾向之间的部分中介模型

从图 6-4 可以看出，变革型领导对员工工作满意度的直接影响效果为 0.23，通过员工组织信任的间接影响效果为 0.189（0.45 × 0.42），整体影响效果为 0.419。变革型领导对员工离职倾向的直接影响作用为 -0.29，经过员工组织信任的间接影响效果为 -0.2025 ［0.45 × （-0.45）］，整体影响效果为 -0.4925。因此，组织信任在变革型领导影响工作满意度、离职倾向之间起部分中介效应，假设 H6-8a、假设 H6-8b 得到实证支持。

三 直接效应检验

直接效应检验结果显示：第一，组织政治知觉与企业员工组织信任存在显著的负相关关系，组织公平和变革型领导与企业员工组织信任存在显著的正相关关系，这说明假设 H6-1a、假设 H6-1b、假设 H6-1c 得到实证支持，再一次证明组织政治知觉、组织公平和变革型领导对企业员工组织信任的直接作用。第二，组织政治知觉与企业员工工作满意度存在显著的负相关关系，组织公平和变革型领导与企业员工工作满意度存在显著的正相关关系，这符合我们在研究假设中的论述。因此假设 H6-2a、假设 H6-2b、假设 H6-2c 得到实证支持。第三，组织政治知觉与企业员工离职倾向存在显

著的正相关关系，组织公平和变革型领导与企业员工离职倾向存在
显著的负相关关系，因此假设 H6 – 3a、假设 H6 – 3b、假设 H6 – 3c
得到实证支持。第四，组织信任与企业员工工作满意度存在显著的
正相关关系，因此假设 H6 – 4 得到实证支持。第五，组织信任与企
业员工的离职倾向存在负相关关系，因此，假设 H6 – 5 得到实证支
持，这与相关学者的研究一致。

第五节　研究结论与讨论

本部分研究在第四章、第五章的基础上侧重于探讨企业员工组
织信任在它影响变量与结果变量之间的中介效应。研究结论如下：
第一，组织信任在组织政治知觉对企业员工工作满意度、离职倾向
作用之间起完全中介作用。第二，组织信任在组织公平作用于企业
员工工作满意度、离职倾向之间起完全中介作用。第三，组织信任
在变革型领导影响企业员工工作满意度、离职倾向之间起部分中介
作用。第四，组织政治知觉与企业员工组织信任存在显著的负相关
关系，组织公平和变革型领导与企业员工组织信任存在显著的正相
关关系。第五，组织政治知觉与企业员工工作满意度存在显著的负
相关关系，组织公平和变革型领导与企业员工工作满意度存在显著
的正相关关系。第六，组织政治知觉与企业员工离职倾向存在显著
的正相关关系，组织公平和变革型领导与企业员工离职倾向存在显
著的负相关关系。第七，组织信任与企业工作满意度存在显著的正
相关关系，而与企业员工的离职倾向存在负相关关系。

本研究的理论贡献主要体现在以下几方面：其一，本研究通过
实证研究为组织政治知觉、组织公平和变革型领导与组织信任、工
作满意度、离职倾向存在的关系提供了新的证据；其二，验证了组
织信任是组织政治知觉作用于工作满意度、离职倾向的完全中介变
量；其三，验证了组织信任是组织公平作用于工作满意度、离职倾

向的完全中介变量；其四，验证了组织信任是变革型领导作用于工作满意度、离职倾向的部分中介变量；其五，本研究对组织信任在中国背景下的理论研究具有重要的意义。

本研究对企业管理具有重要的实际价值，主要体现在：①企业要充分认识到组织信任中介影响的重要性。本研究通过实证研究验证了组织信任在组织政治知觉、组织公平和变革型领导影响企业员工工作满意度、离职倾向中起完全中介作用或部分中介作用，这充分说明了组织信任在企业组织关系中的中心地位，无论企业领导的作用、组织的政治氛围还是组织的公平，都要通过组织信任这一中介变量来对员工的工作满意度、离职倾向产生影响，因此，培养员工对组织的信任就显得非常重要，没有员工对组织的信任，要提高员工的工作满意度，降低员工的离职率是不可想象的。②企业要充分认识到组织政治知觉对员工组织信任、工作满意度的负面影响，采取切实有效的措施降低员工的组织政治知觉，提高员工对组织的信任水平和工作满意度。③企业应该看到组织政治知觉对员工离职倾向是有正向影响的，员工的组织政治知觉越高，其离职倾向就相应提高，要保持企业员工的稳定性，企业必须降低组织政治氛围。④组织公平对员工组织信任有非常强的正面影响，通过组织信任组织公平间接影响到员工工作满意度、离职倾向，因此，企业资源分配的公平性非常重要，因为它间接影响到员工的工作满意度和离职倾向。⑤变革型领导非常重要，它不但直接对员工工作满意度产生直接显著的正面影响并显著影响员工离职倾向，还通过组织信任对员工工作满意度和离职倾向产生间接的影响作用。因此，企业领导的变革型领导方式的转变非常重要。

第七章 组织信任对企业员工工作态度的影响机制

第一节 研究目的

本章是第四章、第五章、第六章研究的延续，属于研究内容四。尽管已有学者对企业员工组织信任对工作满意度、组织承诺和离职倾向的影响作用做过研究，但是很少有学者探讨企业员工组织信任对工作满意度、组织承诺和离职倾向的具体作用机制，因此很有必要对组织信任对企业员工工作态度的影响机制进行研究。

第二节 模型与假设

工作满意度、组织承诺和离职倾向都是非常重要的工作态度变量，也是组织行为学研究的焦点。国内外众多学者对它们的概念进行了界定，并对其包含的结构维度和作用进行了深入和广泛的研究，取得了丰硕的成果。近年来，学者们对信任与工作态度变量之间的关系产生了广泛兴趣，但是他们往往关注的是人际信任（包括主管信任和同事信任）与工作态度变量之间的关系，而对系统信任（企业员工对组织的整体信任程度）与工作态度变量之间的关系很少关注，特别是研究企业员工组织信任对工作态度变量影响的内在机制的就更少了，因此，本研究在第四章、第五章和第六章的基础上，进一步探讨企业员工组织信任对其工作态度变量的影响机制。基于以上分析，提出本部分研究的概念模型，包括组织信任、工作满意度、组织承诺和离职倾向。如图 7 - 1 所示。

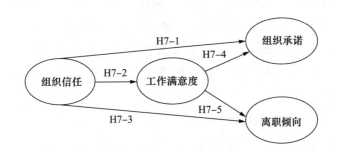

图 7 - 1　组织信任、工作满意度、组织承诺和离职倾向的概念模型

一　组织信任与组织承诺

组织承诺是员工对组织的一种肯定性态度或内心倾向，它是员工对某一特定组织情感上的归依和参与该组织的相对程度（Mowdy，Steers & Porter，1979）。因此，组织承诺是指员工对组织的承诺，并不是组织对员工的承诺。组织信任作为一种重要的社会资本，反映了员工对所属组织正面的情感流露。Tam（1998）在研究中发现组织信任与组织承诺间存在显著正相关关系。台湾学者郭维哲、方聪方（2005）研究显示，组织信任对组织承诺有正向影响作用，表明员工对组织信任程度越高，其组织承诺的程度就越高。基于以上分析，本文提出以下假设：

H7 - 1：员工组织信任对组织承诺具有显著的正向影响。

二　组织信任与工作满意度

组织信任就是员工对组织整体的信任程度，代表着员工对组织正面的评价，而工作满意度被认为是员工对工作本身和工作的心理与生理两个方面对环境因素的一种态度，可以称为员工的工作满意感受，即员工对工作情境的一种主观反应（Hoppock，1935），也是员工对组织的积极评价。因此，可以认为组织信任与工作满意度之间存在正相关关系。Driscoll（1978）在研究大学教职员工的信任与满意度的关系时，发现组织信任对整体满意度有很好的预测力。林千惠（2006）、韩念嘉（2007）在研究中也发现组织信任与员工工作满意度有正相关关系。基于以上分析，本文提出以下假设：

H7 - 2：员工组织信任对工作满意度具有显著的正向影响。

三 组织信任与离职倾向

离职倾向是员工在实际离职行为发生前的状态。Mobley（1977）认为离职倾向是员工实际离职前的最后一个步骤，也就是历经对工作的不满意、产生离职念头、寻找新的工作的倾向与找到其他工作可能性的总体表现。总之，离职倾向是对所属组织的否定，是一种对组织的负面评价。而组织信任是员工对组织的正面评价，因此本研究认为组织信任与离职倾向应呈负相关。Jone 等（1998）认为组织信任可以降低员工的离职倾向。因此，可以认为员工组织信任与离职倾向是一种负相关关系。于海波等（2007）通过实证研究验证组织信任对离职倾向具有显著的负向预测效果。赵慧军等（2008）在研究中也发现员工对组织的信任能够降低由于组织缺乏分配公平、信息公平而产生的离职倾向。基于以上分析，本文提出以下假设：

H7 - 3：员工组织信任对离职倾向具有显著的负向影响。

四 工作满意度与组织承诺

工作满意度和组织承诺都是非常重要的工作态度变量。国外许多研究都认为，工作满意度是组织承诺的前因变量。因为工作满意度与特定的工作环境有密切关系，比组织承诺更容易发生变化，基于工作满意度的不稳定性和易变性，可以把工作满意度看作组织承诺的前因变量（Porter et al.，1974）。由于工作满意度和组织承诺都反映着员工对组织的积极态度，可以推论出工作满意度与组织承诺存在正相关关系。Rusbult 和 Farrell（1983）在研究中发现工作满意度与组织承诺存在显著正相关关系。台湾学者曹采华（2002）、黄忠孝（2007）在研究中也发现工作满意度与组织承诺存在显著正相关关系。基于以上分析，本文提出以下假设：

H7 - 4：员工工作满意度对组织承诺具有显著的正向影响。

五　工作满意度与离职倾向

工作满意度是组织行为学中一个非常重要的概念，被认为是员工在心理和生理两方面对工作环境的满意程度，即员工对工作环境的主观反应。在过去的有关离职倾向的研究文献中，工作满意度被认为是影响离职倾向最重要的变量之一。Mobely 等（1977）在员工离职模型中，提出员工的工作满意度直接影响其离职倾向。Olsen（1993）认为工作满意度是员工认知其在工作中所获价值的情绪反应，如果无法获得对等于工作中付出所应得的价值，则会产生一定程度的离职倾向。Thatcher 等（2006）在以美国东南部 34 家高科技公司 260 位资讯工程师为样本，探讨资讯工程师的离职倾向时，发现工作满意度与离职倾向呈现显著负相关。Douglas（1999）在针对教师的离职行为探讨工作满意度与组织承诺的关系时发现，教师离职行为与工作满意度及组织承诺显著相关。Parnell 和 Crandall（2003）在工作满意度、组织承诺、组织公民行为和离职倾向等的研究中发现这些变量之间都有一定的相关性。基于以上分析，本文提出以下假设：

H7 - 5：员工工作满意度对离职倾向具有显著的负向影响。

六　综合模型

综上所述，对组织信任与工作满意度，组织信任与组织承诺和离职倾向，工作满意度与组织承诺、离职倾向这三对关系分别有学者对它们进行了不同程度的研究。但是，它们的两两关系并不能揭示组织信任、工作满意度、组织承诺和离职倾向之间的逻辑关系，因此，在上文假设的基础上，我们可以进一步假设，组织信任通过影响工作满意度来影响组织承诺、离职倾向。在方法上选择中介效应，因为中介效应代表着一种机制，自变量通过影响中介变量对因变量产生影响。基于以上分析，本文提出以下假设：

H7-6：员工工作满意度在组织信任影响组织承诺中起中介作用。

H7-7：员工工作满意度在组织信任影响离职倾向中起中介作用。

第三节　研究方法

一　研究样本

本部分的研究样本见第三章。

二　研究工具

第一，组织信任的研究问卷见第三章。

第二，工作满意度的研究问卷见第二章。

第三，组织承诺的研究问卷见第三章。

第四，离职倾向的研究问卷见第三章。

三　统计分析工具

本研究利用 SPSS11.5 对调查数据进行统计分析

第四节　数据检验

一　信度、效度检验

本研究结构变量的组成信度如表 7 – 1 所示，所有变量的 CR 值均大于 0.7 的通常标准，表明本研究的量表具有较好的信度。所有变量的 AVE 值均大于 0.5，且大于两个变量之间相关系数的平方，显示样本具有良好的效度。

表 7 – 1　　　　　　　　　AVE、CR 及因子相关系数

潜变量	均值	标准差	①	②	③	④	CR
①组织信任	4.49	1.204	0.70				0.94
②工作满意度	4.66	1.125	0.483**	0.62			0.86
③组织承诺	4.59	1.207	0.759**	0.660**	0.66		0.93
④离职倾向	3.31	1.414	– 0.539**	– 0.449**	– 0.649**	0.79	0.92

注：矩阵下三角为相关系数；对角线为 AVE 值；CR 为组成信度；** 表示显著性水平 $p < 0.01$。

二　多重共线性检验

本研究拟使用回归方法，因此在进行回归分析之前，首先运用残差的直方图和累计概率图来检验数据是否服从正态分布，并对组织信任、工作满意度、组织承诺和离职倾向进行了多重共线性分析。结果表明，各变量基本符合正态分布要求，不存在多重共线性。

第五节　实证结果

一　企业员工组织信任与工作态度变量的相关分析

相关分析是用以描述两个变量之间关系的测度，说明两个变量之间存在某种相互关系的程度。将企业员工在组织信任上的得分与其在工作满意度、组织承诺、离职倾向上的得分进行相关分析，结果见表7-1。从表7-1可以看出，企业员工组织信任与工作满意度、组织承诺显著正相关，而与离职倾向显著负相关。工作满意度与组织承诺显著正相关，与离职倾向显著负相关。

二　企业员工组织信任对工作态度变量的影响作用

（一）企业员工组织信任对组织承诺、工作满意度和离职倾向的影响

由于相关分析只能揭示变量之间相关的分析和变量间两两相关的系数，并不能反映在多种因素共同作用下的相关重要性。所以本研究采用分层多元回归的方法来研究不同因素的相对重要性。在本研究中选择性别、年龄、受教育程度、婚姻、职位、工作年限、收入水平等个体因素作为控制变量，以消除它们对因变量的可能影响。

分别以组织承诺、工作满意度和离职倾向作为因变量，第一步，以性别、年龄、受教育程度、婚姻、职位、工作年限、收入水平等个体因素作为控制变量进入回归模型；第二步；以组织信任作为自变量进入回归模型，得到如表7-2a、表7-2b、表7-3a、表7-3b、表7-4a、表7-4b所示的结果。

（1）组织信任对组织承诺的影响作用

从表7-2a、表7-2b中可以发现，企业员工组织信任对组织

承诺有显著的正向影响作用（ B = 0.766，P < 0.01）。企业员工组织信任对组织承诺的影响作用在原有控制变量的基础上提高了57.4%。因此假设 H7 - 1 得到实证支持。

表7 - 2a　　　组织信任对组织承诺影响的分层多元回归结果

	R	R²	⊿R²	F	P
第一步：个人变量	0.234	0.055		2.010	0.055
第二步：组织信任	0.766	0.587	0.574	43.069	0.000

表7 - 2b　　　组织信任对组织承诺影响的分层多元回归结果

第一步				第二步			
变量	B	Beta	P	变量	B	Beta	P
性别	0.037	0.015	0.819	性别	-0.087	-0.035	0.414
年龄	0.013	0.013	0.921	年龄	0.096	0.096	0.272
受教育程度	-0.244	-0.140	0.040	受教育程度	-0.074	-0.043	0.346
婚姻	0.250	0.110	0.207	婚姻	-0.018	-0.008	0.893
职位	0.407	0.101	0.130	职位	-0.109	-0.027	0.544
工作年限	-0.013	-0.012	0.924	工作年限	-0.011	-0.010	0.903
收入水平	-0.060	-0.050	0.464	收入水平	0.059	0.048	0.285
				组织信任	0.766	0.764	0.000

（2）企业员工组织信任对工作满意度的影响作用

从表7 - 3a、表7 - 3b 中可以发现，企业员工组织信任对工作满意度有非常显著的正向影响（B = 0.446，P < 0.01）。企业员工组织信任对工作满意度的影响作用在原有控制变量的基础上提高了24.9%。因此假设 H7 - 2 得到实证支持。

表7-3a　　　组织信任对工作满意度影响的分层多元回归结果

	R	R²	△R²	F	P
第一步：个人变量	0.255	0.065		2.422	0.021
第二步：组织信任	0.532	0.273	0.249	11.364	0.000

表7-3b　　　组织信任对工作满意度影响的分层多元回归结果

第一步				第二步			
变量	B	Beta	P	变量	B	Beta	P
性别	0.046	0.020	0.755	性别	-0.026	-0.011	0.846
年龄	0.152	0.161	0.216	年龄	0.200	0.213	0.066
受教育程度	-0.006	-0.004	0.958	受教育程度	0.093	0.057	0.340
婚姻	0.182	0.086	0.320	婚姻	0.027	0.013	0.870
职位	0.327	0.087	0.189	职位	0.027	0.007	0.904
工作年限	-0.032	-0.030	0.805	工作年限	-0.031	-0.029	0.788
收入水平	-0.102	-0.090	0.181	收入水平	-0.033	-0.029	0.629
				组织信任	0.446	0.477	0.000

（3）企业员工组织信任对离职倾向的影响作用

从表7-4a、表7-4b中可以发现，企业员工组织信任对离职倾向有显著的负向影响作用（B=-0.658，P<0.01）。企业员工组织信任对离职倾向的影响作用在原有控制变量的基础上提高了31.9%。因此假设H7-3得到实证支持。

表7-4a　　　组织信任对离职倾向影响的分层多元回归结果

	R	R²	△R²	F	P
第一步：个人变量	0.234	0.055		2.017	0.054
第二步：组织信任	0.584	0.341	0.319	15.657	0.000

表 7 - 4b　　　组织信任对离职倾向影响的分层多元回归结果

第一步				第二步			
变量	B	Beta	P	变量	B	Beta	P
性别	− 0. 127	− 0. 044	0. 498	性别	− 0. 021	− 0. 007	0. 893
年龄	− 0. 163	− 0. 138	0. 293	年龄	− 0. 234	− 0. 199	0. 072
受教育程度	0. 183	0. 089	0. 188	受教育程度	0. 037	0. 018	0. 752
婚姻	− 0. 174	− 0. 065	0. 453	婚姻	0. 056	0. 021	0. 775
职位	− 0. 283	− 0. 060	0. 369	职位	0. 160	0. 034	0. 547
工作年限	0. 051	0. 039	0. 753	工作年限	0. 049	0. 038	0. 716
收入水平	− 0. 151	− 0. 106	0. 118	收入水平	− 0. 253	− 0. 178	0. 002
				组织信任	− 0. 658	− 0. 560	0. 000

（二）工作满意度在企业员工组织信任与组织承诺、离职倾向之间的中介作用

根据 Baron 和 Kenny（1986）的研究，认为一个变量是否为中介变量，必须满足三个条件：①自变量和中介变量的变化能够显著地解释因变量的变化，即自变量、中介变量与因变量显著相关；②自变量 X 的变化能够显著地解释中介变量 M 的变化，即自变量与中介变量显著相关；③置入中介变量后，自变量对因变量的影响应显著降低或等于零。即当自变量、中介变量和因变量同时存在时，自变量与因变量的相关关系减弱或消失。Baron 和 Kenny（1986）指出，模型中某一变量要被称为是中介变量必须通过三个方程进行检验。因此，我们按照这些步骤来检验工作满意度的中介效应。上文已验证：员工组织信任对组织承诺具有显著的正向影响；员工组织信任对工作满意度具有显著的正向影响；员工组织信任对离职倾向具有显著的负向影响。

（1）工作满意度在组织信任与组织承诺之间的中介效应检测

为了进一步了解工作满意度在组织信任与组织承诺之间的中介影响，本研究以组织信任和工作满意度为自变量，分别针对组织信任和工作满意度进行分层多元回归分析，以探讨它们对组织承诺的

影响。为了排除其他变量可能对因变量产生影响，我们将性别、年龄、受教育程度等个体因素作为控制变量，以消除它们对因变量的可能影响。在回归模型一中仅放入控制变量作为自变量，然后再在回归模型二至模型四中依次放入。

表 7-5 的回归模型显示，在回归模型二中，以控制变量和组织信任为自变量，此模型的决定系数 R^2 为 0.587，调整后的 R^2 为 0.574，F 值为 43.069（P < 0.01），达到显著水平。而组织信任（B = 0.766，P < 0.01）对于组织承诺有显著的正向影响，表明企业员工的组织信任越高，其组织承诺越高。在回归模型三中，以控制变量和工作满意度为自变量，此模型的决定系数 R^2 为 0.457，调整后的 R^2 为 0.439，F 值为 25.414（P < 0.01），达到显著水平。而工作满意度（B = 0.704，P < 0.01），对于组织承诺具有显著的正向影响，表明企业员工工作满意度越高，其组织承诺越高。在回归模型四中，以控制变量、组织信任和工作满意度为自变量，此模型的决定系数 R^2 为 0.695，调整后的 R^2 为 0.684，F 值为 61.125（P < 0.01），达到显著水平。组织信任对组织承诺具有显著的正向影响（B = 0.582，P < 0.01），工作满意度对组织承诺同样具有显著的正向影响（B = 0.414，P < 0.01）。

表 7-5　工作满意度在组织信任与组织承诺之间的中介效应分析

自变量	模型一	模型二	模型三	模型四
性别	0.037	− 0.087	0.004	− 0.076
年龄	0.013	0.096	− 0.094	0.014
受教育程度	− 0.244*	− 0.043	− 0.240**	− 0.113
婚姻	0.250	− 0.018	0.121	− 0.029
职位	0.407	− 0.019	0.177	− 0.120
工作年限	− 0.013	− 0.011	0.009	0.001
收入水平	− 0.060	0.059	0.012	0.072
组织信任		0.766**		0.582**

续表

自变量	模型一	模型二	模型三	模型四
工作满意度			0.704**	0.414**
R^2	0.055	0.587	0.457	0.695
$\triangle R^2$	0.027	0.574	0.439	0.684
F	2.010	43.069	25.414	61.125
p	0.055	0.000	0.000	0.000

注: * 表示显著性水平 $p < 0.05$, ** 表示显著性水平 $p < 0.01$。

　　综上所述，回归模型二验证了组织信任对组织承诺具有显著正向影响。回归模型三验证了工作满意度对组织承诺具有显著正向影响，因此，假设 H7 - 4 被实证支持。回归模型四的结果显示，当工作满意度介入后，原有的组织信任对组织承诺的直接影响作用显著减弱（B 值由 0.766 显著减少为 0.582），这就验证了工作满意度在其中的部分中介作用，因此，假设 H7 - 6 得到实证支持。

　　（2）工作满意度在组织信任与离职倾向之间的中介效应检测

　　为了探讨工作满意度在组织信任与离职倾向之间的中介影响，本研究将性别、年龄、受教育程度等个体因素作为控制变量，以组织信任和工作满意度为自变量，分别针对组织信任和工作满意度进行分层多元回归分析。

　　从表 7 - 6 可以看出，回归模型二是以控制变量和组织信任为自变量，此模型的决定系数 R^2 为 0.341，调整后的 R^2 为 0.319，F 值为 15.657（$p < 0.01$），达到显著水平。而组织信任（B = - 0.658，$p < 0.01$）对离职倾向有显著的负向影响，表明企业员工组织信任越高，其离职倾向越低。在回归模型三中，以控制变量和工作满意度为自变量，此模型的决定系数 R^2 为 0.232，调整后的 R^2 为 0.207，F 值为 9.135（$p < 0.01$），达到显著水平。而工作满意度（B = - 0.547，$p < 0.01$）对于离职倾向有显著的负向影响，表明企业员工工作满意度越高，其离职倾向越低。在回归模型四中，以控

制变量、组织信任和工作满意度为自变量，此模型的决定系数 R^2 为 0.378，调整后的 R^2 为 0.354，F 值为 16.244（$p < 0.01$），达到显著水平。组织信任对离职倾向具有显著的负向影响（B = -0.532，$p < 0.01$），工作满意度对离职倾向同样具有显著的负向影响（B = -0.282，$p < 0.01$）。

从以上回归分析来看，回归模型二验证了组织信任对离职倾向具有显著负向影响。回归模型三验证了工作满意度对离职倾向具有显著负向影响，因此假设 H7 - 5 得到实证支持。回归模型四的结果显示，当工作满意度介入后，原有的组织信任对离职倾向的直接影响作用显著减弱（B 值由 -0.658 显著变化为 -0.532），这就验证了工作满意度在其中的部分中介作用。因此，假设 H7 - 7 得到实证支持。

表 7 - 6　工作满意度在组织信任与离职倾向之间的中介效应分析

自变量	模型一	模型二	模型三	模型四
性别	-0.127	-0.021	-0.102	-0.028
年龄	-0.163	-0.234	-0.080	-0.178
受教育程度	0.183	0.037	0.180	0.063
婚姻	-0.174	0.056	-0.074	-0.063
职位	-0.283	0.160	-0.104	0.168
工作年限	0.051	0.049	0.034	0.041
收入水平	-0.151	-0.253**	-0.207*	-0.262**
组织信任		-0.658**		-0.532**
工作满意度			-0.547**	-0.282**
R^2	0.055	0.341	0.232	0.378
$\triangle R^2$	0.028	0.319	0.207	0.354
F	2.017	15.657	9.135	16.244
p	0.054	0.000	0.000	0.000

注：* 表示显著性水平 $p < 0.05$；** 表示显著性水平 $p < 0.01$。

第六节　研究结论与启示

本部分针对企业员工组织信任对工作态度的影响进行了实证研究，研究结论如下：第一，企业员工组织信任与工作满意度、组织承诺和离职倾向存在显著的相关关系。第二，企业员工组织信任对工作满意度、组织承诺具有显著的正向影响，对离职倾向具有显著的负面影响。第三，工作满意度在组织信任对组织承诺影响中起部分中介作用；工作满意度在组织信任对离职倾向影响中起部分中介作用。

本研究的理论贡献在于：首先，通过实证研究为组织信任、工作满意度、组织承诺、离职倾向存在的关系提供了新的证据；其次，通过实证研究验证了工作满意度在企业员工组织信任影响组织承诺、离职倾向中起部分作用的中介变量；最后，本研究对中国情境下的组织信任理论的研究具有重要的意义。

本研究的实践作用体现在：①要高度重视企业员工组织信任对工作态度变量的影响作用。本研究验证了企业员工组织信任是影响其组织承诺、工作满意度和离职倾向的重要因素。在现实中表现为一个企业如果能够提高员工的组织信任，就能相应地提高员工的组织承诺、工作满意度，降低员工的离职率。这就要求企业要特别重视企业员工组织信任的提升。②要特别关注工作满意度的中介效应。企业员工组织信任对工作态度的影响具有一定机制性，表现在员工工作满意度在组织信任影响工作态度变量的中介效应。这就要求企业要改善工作环境，营造良好的工作氛围，提高员工的工作满意度，从而有利于改善组织信任对组织承诺和离职倾向的影响。

第八章　研究总结

本部分内容大致可以分为三部分：一是对本研究的结论进行总结；二是在研究结论的基础上提炼出本研究的创新之处；三是指出本研究存在的问题和未来的研究方向。

第一节　主要研究结论

信任是一种相当复杂的社会和心理现象，长期以来一直受到心理学、社会学、经济学等众多学科的关注，特别是 20 世纪 70 年代后更成为国外学术界研究的焦点。但是正如我国学者蔡翔（2007）所说的，国外对信任的研究主要聚焦在人际信任、社会信任与组织之间的信任层次上，探讨企业内部信任的研究很少。近年来，虽然有部分学者开始关注组织内信任这个领域，但是人们还是不自觉地把目光集中在组织中人际信任这个层面，而很少有学者关注组织信任（系统信任）这个信任的构面。基于此，本研究专门探讨组织内的组织信任（系统信任）这一主题，在文献研究的基础上，深入地探讨在中国文化背景下组织信任的影响因素以及影响因素内部的逻辑关系，组织信任的中介效应，组织信任对工作态度变量的影响机制等课题，取得了一定的研究成果。

一　企业员工组织信任的主要影响因素

通过文献分析、问卷调查等方法，对影响员工组织信任的主要因素进行了实证研究。首先，对影响企业员工组织信任的个体因素进行单因素方差分析，得出如下结论：①不同性别员工的组织信任的均值存在显著差异（$F = 4.441$，$p = 0.036 < 0.05$），女性员工组织信任的均值明显高于男性；②不同年龄段员工的组织信任不存在显著性差异（$F = 1.716$，$p = 0.147 > 0.05$），但是经多重比较（LSD）发现，在 26—30 岁年龄段与 36—40 岁年龄段有显著性差异，36—40 岁年龄段的员工组织信任的均值显著大于 26—30 岁年龄段的员工组织信任的均值；③不同受教育程度员工组织信任的均值之间存在显著差异（$F = 6.304$，$p = 0.002 < 0.05$），大专学历员工组织信任的均值明显比本科学历员工组织信任的均值高；④不同婚姻状况员工的组织信任的均值之间存在显著差异（$F = 3.770$，$p = 0.024 < 0.05$），未婚的员工组织的信任均值显著低于离婚员工的组织信任均值，已婚员工的组织信任均值也显著低于离婚员工的组织信任均值；⑤不同职位员工的组织信任的均值之间存在显著差异（$F = 5.030$，$p = 0.026 < 0.05$），中层及以上员工的组织信任均值显著高于普通员工的组织信任均值；⑥不同工作年限员工组织信任的均值之间没有显著的差异；⑦不同收入水平员工的组织信任的均值之间存在显著差异（$F = 5.335$，$p = 0.001 < 0.05$）。月收入水平在 2000 元以下的员工组织信任的均值和月收入水平在 2001—3000 元、4001 元以上的员工组织信任的均值存在显著性差异；月收入水平在 2001—3000 元的员工组织信任的均值和月收入水平在 3001—4000 元的员工组织信任的均值存在显著性差异。

其次，通过相关分析发现组织信任与组织公平、组织气候、组织政治知觉、组织变革、变革型领导等组织管理方面因素都显著相关。

最后，多元逐步回归分析结果表明，组织公平、变革型领导和组织政治知觉在多元回归模型中直接被接受为企业员工组织信任的前因变量，即组织公平、变革型领导和组织政治知觉对企业员工组织信任具有直接显著的影响；而组织气候、组织变革并未被模型所直接接受，也就是说，组织气候和组织变革对企业员工组织信任的影响不显著。

二 变革型领导对企业员工组织信任的影响机制

在企业员工组织信任主要影响因素研究的基础上，就直接显著影响因素之间的逻辑关系继续进行探索。运用结构方程建模方法，探讨了变革型领导、组织公平和组织政治知觉对企业员工组织信任影响的作用机制。

研究结果表明：第一，变革型领导对员工组织信任具有直接显著的正向影响（$r = 0.25$，$p < 0.01$）；第二，变革型领导对组织公平具有直接显著的正向影响（$r = 0.52$，$p < 0.01$）；第三，变革型领导对组织政治知觉具有直接显著的负向影响（$r = -0.36$，$p < 0.01$）；第四，组织公平对员工组织信任具有直接显著的正向影响（$r = 0.46$，$p < 0.01$）；第五，组织政治知觉对员工组织信任具有直接显著的负向影响（$r = -0.24$，$p < 0.01$）；第六，变革型领导除了直接显著地影响员工组织信任外，还通过组织公平、组织政治知觉对员工组织信任产生间接的影响，组织公平、组织政治知觉是变革型领导影响员工组织信任的部分中介变量。

三 企业员工组织信任的中介效应

运用结构方程模型，对组织信任在组织政治知觉、组织公平和变革型领导与工作满意度、离职倾向之间的中介效应进行探讨，研究发现：①组织信任在组织政治知觉对企业员工工作满意度、离职倾向影响中起完全中介效应；②组织信任在组织公平影响企业员工工作满意度、离职倾向中起完全中介效应；③组织信任在变革型领导影响企业员工工作满意度、离职倾向中起部分中介效应。

通过相关分析发现：第一，组织政治知觉与企业员工组织信任存在显著的负相关关系，组织公平和变革型领导与企业员工组织信任存在显著的正相关关系。第二，组织政治知觉与企业员工工作满意度存在显著的负相关关系，组织公平和变革型领导与企业员工工作满意度存在显著的正相关关系。第三，组织政治知觉与企业员工离职倾向存在显著的正相关关系，组织公平和变革型领导与企业员工离职倾向存在显著的负相关关系。第四，组织信任与企业员工工作满意度存在显著的正相关关系。第五，组织信任与企业员工的离职倾向存在显著的负相关关系。

四　组织信任对企业员工工作态度的影响机制

运用相关分析发现：组织信任、工作满意度、组织承诺和离职倾向具有显著的相关关系。具体来说，第一，组织信任与工作满意度、组织承诺存在显著的正相关；第二，组织信任与离职倾向存在显著的负相关；第三，工作满意度与组织承诺存在显著的正相关；第四，工作满意度与离职倾向存在显著的负相关。

一元回归分析结果表明：①企业员工组织信任对组织承诺有显著的正向影响作用（$B = 0.766$，$P < 0.01$）；②企业员工组织信任对工作满意度有非常显著的正向影响（$B = 0.446$，$P < 0.01$）；③企业员工组织信任对离职倾向有显著的负向影响作用（$B = -0.658$，$P < 0.01$）。

多元回归分析显示：第一，工作满意度在企业员工组织信任与组织承诺之间起部分中介作用；第二，工作满意度在企业员工组织信任与离职倾向之间起部分中介作用。

五　企业员工组织信任的"前因—效应—作用"模型

根据实证研究结果，我们将本研究的主要结论加以提炼，形成企业员工组织信任的"前因—效应—作用"模型（见图 8-1）。

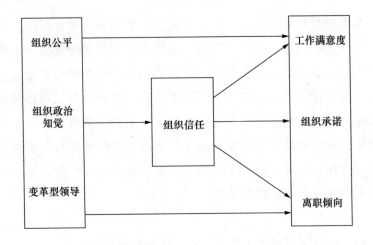

图 8-1 企业员工组织信任"前因—效应—作用"模型

第二节 本研究的创新

一 通过实证研究验证了企业员工组织信任的主要影响因素

本研究对影响企业员工组织信任的个体因素和组织管理的因素进行了实证研究,第一,发现了个体因素中的性别、受教育程度、婚姻、职位和收入水平等对企业员工组织信任的均值存在显著的差异。第二,多元逐步回归分析结果表明,组织公平、变革型领导和组织政治知觉在多元回归模型中直接被接受为企业员工组织信任的前因变量,而组织气候、组织变革并未被模型所直接接受,因此,本研究丰富和完善了企业员工组织信任影响因素领域的研究。

二 通过实证研究揭示了变革型领导对企业员工组织信任的影响机制

本研究运用结构方程模型方法验证了变革型领导、组织公平、组织政治知觉对企业员工组织信任影响过程中的逻辑关系。研究结果显示：第一，变革型领导对企业员工组织信任具有显著的影响；第二，变革型领导对组织公平、组织政治知觉具有显著的影响；第三，组织政治知觉、组织公平对企业员工组织信任具有显著的影响；第四，组织公平、组织政治知觉在变革型领导影响企业员工组织信任之间起部分中介作用。因此，变革型领导除了直接对企业员工组织信任产生影响外，还通过组织公平和组织政治知觉对企业员工组织信任产生间接影响。

三　验证了组织信任在员工组织政治知觉、组织公平和变革型领导影响其工作态度变量中的中介效应

本研究运用结构方程模型验证了组织信任在员工组织政治知觉、组织公平和变革型领导影响工作态度变量中的中介效应。第一，组织信任在组织政治知觉对企业员工工作满意度、离职倾向影响中起完全中介作用；第二，组织信任在组织公平作用于企业员工工作满意度、离职倾向之中起完全中介作用；第三，组织信任在变革型领导影响企业员工工作满意度、离职倾向之中起部分中介作用。因此，本研究清晰地揭示了企业员工组织政治知觉、组织公平和变革型领导/组织信任/工作满意度和离职倾向之间的相互关系。

四　初步形成了企业员工组织信任的"前因—效应—作用"模型

本研究初步形成了企业员工组织信任的"前因—效应—作用"模型。该模型从理论上揭示了企业员工组织信任的形成、变化、作用的全过程。实践上对企业提高员工组织信任以及认识组织信任的作用具有重要的作用。

第三节 研究的局限性和对未来的展望

一 研究的局限性

本研究遵循科学规范的研究范式，试图填补理论和实证研究方面的缺陷，从而使本研究的结论更加具有可靠性，但是，由于研究方法、研究对象等方面的局限，不可避免地仍然存在一些缺陷，这些局限性主要表现在如下几个方面：

第一，本研究的调查数据全部来源于湖南省，而我国幅员辽阔，各个地方经济发展水平、文化存在显著差异，使得样本的代表性受到限制。因此，从统计意义上来说其样本的抽取存在一定的缺陷，这就使本文的研究结论是否具有普遍性有待进一步研究，研究结论在推广应用到其他地区时应当考虑这个问题。

第二，影响企业员工组织信任的因素很多，本研究选择的组织信任前因变量只是最重要、企业员工和学者们关注比较多的，不可能包括所有的前因变量。许多其他的影响因素如职业生涯管理、组织集权制、组织文化等并没有被纳入本研究的范围。存在的研究不足意味着有进一步研究的空间。

第三，本研究没有开发自己的测量工具，所使用的测量工具都来自西方学者开发的成熟量表，依据的都是西方文化背景，可能存在着中西方文化的差异和翻译的误差，这就使得一些题项并不适合我国的文化，影响测量工具的效度。

二 对未来的展望

第一，扩大地域研究范围。在中国大陆选择若干具有代表性的地区进行企业员工组织信任的研究，并将研究结果与本研究结果进行对比，以探讨中国不同地区间是否具有相同或类似的研究结果。

　　第二，本研究并没有对所有的企业员工组织信任影响因素进行研究，只是对最重要的因素进行了研究。在后续的研究中，加入其他的前因变量，包括企业文化、组织集权度、职业生涯管理等，以加深对企业员工组织信任形成机制的研究，取得更多有价值的研究成果。

　　第三，本研究没有开发自己的测量工具，从国内外各种组织信任量表的研究现状来看，国外学者针对人际信任的量表比较多，但是组织信任量表不多。国内目前特别缺乏本土的组织信任量表，因此，在未来，开发中国文化背景的组织信任量表就具有非常重要的意义。

附 录

调查问卷

尊敬的先生/女士：

您好！

很抱歉打扰您，本问卷属于一份学术性的研究，主要探讨员工与组织之间的关系，期待您的参与，对您所填的内容绝不对外公开，仅供学术使用，请您放心填答。由于这是一份自评式问卷，其目的在于测量个人的主观感受，所以您填答的结果并无标准答案，只要依您个人的看法与感觉来回答即可，因此请您务必每一道题都作答。

本研究的结果将对协调我国员工与组织之间的关系，提升组织的效率具有重要的价值。而您的参与对本研究相当重要，恳请您提供宝贵的看法，以协助本研究的顺利完成。由衷地感谢您对本研究的热心支持与协助。

敬祝：

工作顺利！步步高升！

曾贱吉

注：问卷说明：

本问卷采用 7 分制，分数越高代表同意的程度越高，分数越低代表反对的程度越高。即"1"表示完全不同意，"2"表示不同意，"3"表示有些不同意，"4"表示持中立态度（既不同意也不反对），"5"表示有些同意，"6"表示同意，"7"表示完全同意。

完全不同意————————————————→完全同意
1　　2　　3　　4　　5　　6　　7

（一）下列题目是描述您对贵单位公平性的看法与感受，请根据您的判断，对下面的情形进行打分，"1"表示完全不同意这种表述，"4"表示既不同意也不反对这种表述，"7"表示完全同意这种表述。

问项	完全不同意←→完全同意						
1. 我的工作安排是合理的	1	2	3	4	5	6	7
2. 我认为我的收入水平是合理的	1	2	3	4	5	6	7
3. 我认为我的工作量是合理的	1	2	3	4	5	6	7
4. 总的来说，我在单位得到的奖励是非常公平的	1	2	3	4	5	6	7

（二）请认真阅读以下题目，考虑所描述的状况，是否代表贵单位目前的实际状况，请根据您的判断，对下面的情形进行打分，"1"表示完全不同意这种表述，"4"表示既不同意也不反对这种表述，"7"表示完全同意这种表述。

问项	完全不同意←→完全同意						
1. 在这个单位，有人为了往上爬，而扯别人的后腿	1	2	3	4	5	6	7
2. 在这个单位内，具有影响力的人或团体，没人敢冒犯	1	2	3	4	5	6	7
3. 在这个单位，顺从有权力的人是最好的选择	1	2	3	4	5	6	7
4. 在这个单位里，最好少管别人的闲事	1	2	3	4	5	6	7
5. 在这里，有时候保持沉默，比对抗体制来得容易	1	2	3	4	5	6	7
6. 有时候告诉别人他们想听的，比告诉他们事实要好得多	1	2	3	4	5	6	7
7. 在这里，照领导的话做，比按自己的想法做更好	1	2	3	4	5	6	7

（三）下列题目是描述当您面临单位改革时可能存在的心理状况，请根据您在单位面临改革时的实际心理状况，对下面的情形进行打分，"1"表示完全不同意这种表述，"4"表示既不同意也不反对这种表述，"7"表示完全同意这种表述。

问项	完全不同意←→完全同意						
1. 在未来单位可能改革后，我担心现在的社会地位会降低	1	2	3	4	5	6	7
2. 在未来单位可能改革后，我在朋友眼中的地位可能会受到影响	1	2	3	4	5	6	7
3. 在未来单位可能改革后，我的工作可能会变得不重要	1	2	3	4	5	6	7
4. 在未来单位可能改革后，我将因此没有机会进修或培训	1	2	3	4	5	6	7
5. 在未来单位可能改革后，我会对个人未来前景充满不安全感	1	2	3	4	5	6	7
6. 在未来单位可能改革后，未来我可能会被调降薪资	1	2	3	4	5	6	7

（四）下列题目是描述您的直属领导在工作中的领导行为，请您根据自己在实际工作中的感受，对下面的情形进行打分，"1"表示完全不同意这种表述，"4"表示既不同意也不反对这种表述，"7"表示完全同意这种表述。

问项	完全不同意←→完全同意						
1. 我的直属领导在完成目标的过程中显示出决心	1	2	3	4	5	6	7
2. 我的直属领导让他/她身边的下属感觉愉快	1	2	3	4	5	6	7
3. 我的直属领导为了团体（集体）利益，不计较个人得失	1	2	3	4	5	6	7
4. 我的直属领导在工作中表现出很能干、有魄力和自信	1	2	3	4	5	6	7

续表

问项	完全不同意←→完全同意						
5. 我的直属领导向下属表达对他们高绩效的期望	1	2	3	4	5	6	7
6. 我的直属领导充满激情地讨论需要完成的任务	1	2	3	4	5	6	7
7. 我的直属领导给大家描绘鼓舞人心的未来	1	2	3	4	5	6	7
8. 我的直属领导给大家传达一种使命感	1	2	3	4	5	6	7

（五）下列题目是描述您单位里的工作氛围，请您根据真实感受，对下面的情形进行打分，"1"表示完全不同意这种表述，"4"表示既不同意也不反对这种表述，"7"表示完全同意这种表述。

问项	完全不同意←→完全同意						
1. 当我接受一项艰难的工作时，常常能获得同事的支持与帮助	1	2	3	4	5	6	7
2. 我认为同事在工作上的竞争是良性的	1	2	3	4	5	6	7
3. 我认为同事的工作关系是良好及友善的	1	2	3	4	5	6	7
4. 我认为同事能够通过协调合作来完成工作	1	2	3	4	5	6	7
5. 我认为同事之间能够发挥团队精神	1	2	3	4	5	6	7

（六）下列题目是描述您对单位的信任情况，请根据您在工作中的实际状况对下面的情形进行打分，"1"表示完全不同意这种表述，"4"表示既不同意也不反对这种表述，"7"表示完全同意这种表述。

问项	完全不同意←→完全同意						
1. 我相信我的单位是非常正直的	1	2	3	4	5	6	7
2. 我认为我的单位对待我的态度是一致的、可靠的	1	2	3	4	5	6	7
3. 我的单位总是诚实可信的	1	2	3	4	5	6	7

续表

问项	完全不同意←→完全同意						
4. 总的来说，我相信单位的动机和意图是好的	1	2	3	4	5	6	7
5. 我认为单位能够公平地对待我	1	2	3	4	5	6	7
6. 我的单位对我是坦率的、直接的	1	2	3	4	5	6	7
7. 我完全相信单位	1	2	3	4	5	6	7

（七）下列题目是描述您对贵单位的感受，请您根据实际感受，对下面的情形进行打分，"1"表示完全不同意这种表述，"4"表示既不同意也不反对这种表述，"7"表示完全同意这种表述。

问项	完全不同意←→完全同意						
1. 我乐意以后一直在这个单位工作	1	2	3	4	5	6	7
2. 我觉得单位的问题好像就是我自己的问题	1	2	3	4	5	6	7
3. 我想我不会很容易地像喜爱这家单位一样喜爱另一家单位	1	2	3	4	5	6	7
4. 在单位里，我觉得自己是"大家庭里的一员"	1	2	3	4	5	6	7
5. 我觉得在感情上属于这个单位	1	2	3	4	5	6	7
6. 这个单位对我来说具有重要的个人意义	1	2	3	4	5	6	7
7. 我有很强的"属于该单位的人"的感觉	1	2	3	4	5	6	7

（八）下列题目是描述您对目前工作的满意情况，请根据您的实际感受对下面的情形进行打分，"1"表示完全不同意这种表述，"4"表示既不同意也不反对这种表述，"7"表示完全同意这种表述。

问项	完全不同意←→完全同意						
1. 我经常对自己的工作感到厌倦	1	2	3	4	5	6	7
2. 我对我现在的工作感到很满意	1	2	3	4	5	6	7

续表

问项	完全不同意←→完全同意						
3. 我从一开始就对我的工作感到满意	1	2	3	4	5	6	7
4. 大部分的时间我都对我的工作充满了热情	1	2	3	4	5	6	7
5. 我比一般的员工更喜欢自己的工作	1	2	3	4	5	6	7
6. 我发现工作能给我真正的享受	1	2	3	4	5	6	7

（九）下列题目是描述您对目前工作状况的看法，请您根据自己的实际感受，对下面的情形进行打分，"1"表示完全不同意这种表述，"4"表示既不同意也不反对这种表述，"7"表示完全同意这种表述。

问项	完全不同意←→完全同意						
1. 一旦我找到一份更好的工作，我会离开这个单位	1	2	3	4	5	6	7
2. 我正在积极地寻找其他工作机会	1	2	3	4	5	6	7
3. 我在认真地思考是否辞去目前的工作	1	2	3	4	5	6	7
4. 我经常想辞去目前在这个单位的工作	1	2	3	4	5	6	7

（十）个人基本信息

1. 性别

（1）男　　　　　　（2）女

2. 年龄

（1）25 岁以下　　　（2）26—30 岁　　　（3）31—35 岁

（4）36—40 岁　　　（5）41 岁以上

3. 受教育程度

（1）高中及以下　　　（2）大专　　　　　（3）本科及以上

4. 婚姻状况

（1）未婚　　　　　　（2）已婚　　　　　（3）离婚

5. 现有职位

（1）普通员工　　　（2）中层及以上员工

6. 工作年限

（1）1—5 年　　　（2）6—10 年　　　（3）11—15 年

（4）16 年以上

7. 收入水平（月）

（1）2000 元以下　　（2）2001—3000 元

（3）3001—4000 元　（4）4001 元以上

参考文献

[1] Abelson, M. A. , "Strategic Management of Turnover: A Model for the Health Service Adminstrator", *Health Care Management Review*, 1986 (11): 61 – 71.

[2] Adams, J. S. , "Inequity in Social Exchange", *Adavances in Experiment Social Psychology*, 1965 (2): 267 – 299.

[3] Agho, A. O. , Price, J. L. , Mueller, C. W. , "Discriminant Validity of Measures of Job Satisfaction, Positive Affectivity and Negative Affectivity", *Journal of Occupational and Organizational Psychology*, 1992 (65): 185 – 196.

[4] Alder, S. G. , Noel, W. T. , Ambrose, L. Maureen, "Clarifying the Effects of Internet Monitoring on Job Attitudes: The Mediating Role of Emplpyee Trust", *Information & Management*, 2006 (43): 894 – 903.

[5] Al – shammari, M. M. , "Organizational Climate", *Leadership and Organizational Development Journal*, 1992, 13 (6): 30 – 32.

[6] Altmann, R. , "Forecasting Your Organizational Climate", *Journal of Property Management*, 2000 (4): 62 – 65.

[7] Anderson, J. C. , Gerbing, D. W. , *Structural Equation Modeling in Practice: A Review and Recommended Two – step Approach*, *Psychological Bulletin*, 1988, 103 (3): 411 – 423.

[8] Argyis, C. , *Integrating the Individual and the Organization*. New York: Wiley, 1964.

[9] Aryee, S. , Budhwar, P. S. , Chen, Z. X. m, "Trust as a Mediator of the Relationship between Organizational Justice and Work Outcome: Test of a Social Exchange Model", *Journal of Organizational Behavior*, 2002 (23): 267 -285.

[10] Arjan, E. R. , "When Leaders are Seen as Transformational: The Effects of Organizational Justice", *Journal of Applied Social Psychology*, 2007, 37 (8): 1797 -1816.

[11] Amabile, T. M. , Schatzel, E. A. , Moneta, G. B. , Kramer, S. J. , "Leader Behaviors and the Work Environment for Creativity: Perceived Leader Support", *Leadership Quarterly*, 2004, 15 (1): 5 -32.

[12] Ashford, S. J. , Lee, C. , Bobko, P. , "Content, Causer, and Consequences of Job Insecurity: A Theory – Based Measure and Substantive Test", *Academy of Management Journal*, 1989 (38): 1105 -1123.

[13] Avolio, B. J. , Waldman, D. A. , Yammarino, F. J. , "Leading in the 1990's: The Four I's of Transformational Leadership", *Journal of European Industrial Training*, 1991 (15): 9 -16.

[14] Bamber, E. M. , Lyer, V. M. , " Big 5 Auditors' Professional and Organizational Identification: Consistency or Conflict?", *Auditing*, 2002 (21): 21 -38.

[15] Barclay, D. W. , "Interdepartmental Conflict in Organizational Buying: The Impact of the Organizational Context", *Journal of Marketing Research*, 1991, 28 (5): 145 -159.

[16] Baron, R. M. , Kenny, D. A. , "The Moderator – mediator Variable Distinction in Social Psychological Research: Conceptual, Strategic, and Statistical Consideration", *Journal of Personality and Social Psychology*, 1986, 51 (6): 1173 -1182.

[17] Bass, B. M. , Avolio, B. J. , Jung, D. I. , Berson, Y. , "Pre-

dicting Unit Performance by Assessing Transformational and Transactional Leadership", *Journal of Psychology*, 2003, 88 (2): 207 - 218.

[18] Bass, B. M., Avolio, B. J., "The Implications of Transactional and Transformational Leadership for Individual, Team, and Organizational Development", In Woodman R. W., Pas – more W. A. (Eds.). Research in Organizational Change and Development, Greenwich, Ct: JAI Press, 1990.

[19] Bass, B. M., *Leadership and Performance Beyond Expectations*, New York: Free Press, 1985.

[20] Bass, B. M., "Two Decades of Research and Development in Transformational Leadership", *European Journal of Work and Organizational Psychology*, 1999 (1): 9 - 32.

[21] Bennis, W., Nanus, B., *The Managerial Grid*, Gulf Publishing Co. Houston, TX, 1985.

[22] Bies, R. J., Moag, J. S. "Interactional Justice: Communication Criteria for Fairness", In B. Sheppard(Ed.), *Research in Organizational Behavior*, Greenwich, CT: JAI Press, 1986 (9): 289 - 319.

[23] Blomqvist, K., Stahle, P., "Building Organizational Trust", *Paper Presented at the 16th Annual IMP Conference*, Bath, UK, 2000.

[24] Bluedorn, A. C. A., "Unified Model of Turnover Form Organization", *Human Relation*, 1982 (35): 135 - 153.

[25] Blum, M. L., Naylor, J. C., *Industrial Psychology: It's Theoretical and Foundations*, New York: Harper & Row, 1968.

[26] Bock, D., Zmud, R., Kim, Y., et al., "Behavioral Intention Formation Motivatiors, Social – Psychological Forces, and Organizational Climate", *MIS Quarterly*, 2005, 29 (1): 87 - 111.

[27] Bock, G. W. , Kim Y. G. , "Breaking the Myths of Rewards: An Exploratory Study of Attitudes about Knowledge Sharing", *Information Resources Management Journal*, 2002 (14): 14 – 21.

[28] Bocker, H. S. , "Notes on the Concept of Commitment", *American Journal of Sociology*, 1960 (66): 132 – 142.

[29] Boudreau, M. , Gefen, D. , and Straub, D. W. , "Validation in is Research: A State – of – the – Art Assessment", *MIS Quarterly*, 2001, 25 (1): 1 – 16.

[30] Brown, S. P. , Leigh, T. W. , "A New Look at Psychology Climate and its Relationship to Job Involvement, Effort, and Performance", *Journal of Applied Psychology*, 1996, 81 (4): 358 – 368.

[31] Bruce, H. K. , Scott, D. , "Forces Driving Organizational Change: A Business School Perspective", *Journal of Education for Business*, 2000, 75 (3): 133 – 137.

[32] Brief, A. P. , Motowidle, S. J. , *Prosocial Organizational Behaviors*, *Academy of Management Review*, 1986, 11 (4): 710 – 725.

[33] Burns, J. M. , "*Leadership*", New York, NY: Harper & Row, 1978.

[34] Butler, J. K. "Toward Understanding and Measuring Conditions of Trust: Evolution of a Conditions of Trust Inventory", *Journal of Management*, 1991 (17): 643 – 663.

[35] Bycio, P. , Hackett, R. D. , Allen, J. S. , "Further Assessments of Bass's (1985) Conceptualization of Transactionaland Transformational Leadership", *Journal of Applied Psychology*, 1995 (800): 469 – 478.

[36] Caplan, R. D. , Jones, K. W. , "Effects of Load, Role Ambiguity and Type a Personality on Anxiety, Depression and Heart Rate", *Journal of Applied Psychology*, 1975, 60 (6): 713 –

719.

[37] Carnall, C. A. , "Managing Change in Organization", 4th edu (Harlow: Prentice Hall), 2003.

[38] Chadha, N. K. , "School Organizational Climate and Teacher Job Satisfaction", *Social Science Intermational*, 1989, 5 (1): 1 –5.

[39] Chan, M. , "Some Theoretical Propositions Pertaining to the Context of Trust", *The International Journal of Organizational Analysis*, 1997, 5 (3): 227 –248.

[40] Chen, Z. X. , Francesco, A. M. "The Relationship between the Three Components of Commitment and Employee Performance", *Journal of Vocational Behavior*, 2003 (62): 490 –510.

[41] Churchill, G. A. , Ford, N. M. , Walker, O. C. , "Organizational Climate and Job Satisfaction in the Salesforce", *Journal of Marketing Research*, 1976, 13 (4): 323.

[42] Churchill, G. A. , "A Paradigm for Developing Better Measures of Marketing Constructs", *Journal of Marketing Research*, 1979 (16): 64 –73.

[43] Costigan, R. D, ITler, S. S. , Berman, J. J. , "A Muliti – Dimensional Study of Trust in Organizations", *Journal of Managerial Issues*, 1998, X (3): 303 –317.

[44] Creed, W. E. D. , Miles, R. E. , "Trust in Organizations: A Conceptual Framework Linking Organizational Froms, Managerial Philosophies, and the Opportunity Costs of Controls", In R. M. Kramer, T. R. Tyler (Eds.), *Trust in Organizations: Frontiers of Theory and Research*, Thousand Oaks, CA: Sage Pblictions, 1996.

[45] Cribbin, J. J. , "Effective Managerial Leadership", *American Management Association*, Inc, 1972.

[46] Cron, W. L. John, W. Slocum, "The Influence of Career Stages

on Salespeople's Job Attitudes, Work Perception, and Perform-
ance", *Journal of Marketing Research*, 1986 (23): 19 – 29.

[47] Cropanzano, R., Howes, J. C., Grandy, A. A., Toth, P.,
"The Relationship of Organizational Politics and Support to Work
Behavior, Attitudes, and Stress", *Journal of Organizational Be-
havior*, 1997 (18): 159 – 180.

[48] Cropanzano, R., Rupp, D. E., Byrne, Z. S., "The Relation-
ship of Emotional Exhaustion to Work Attitude, Job Performance
and Organization Citizenship Behaviors", *Journal of Applied Psy-
chology*, 2003, 88 (1): 160 – 169.

[49] Cumming, L. L., Bromiley, P., "The Organizational Trust In-
ventory", In R. Kramer, T. Tyler (Eds.), *Trust in Organiza-
tions*. ThousandOaks, CA: Sage, 1996: 302 – 319.

[50] Cumming, T. G., Worley, C. G., *Organization Development &
Change*, Cincinnati: South – Western College Publishing Press,
1997.

[51] Cunha, R. C., Cooper, C. L., "Does Privatization Affect Corpo-
rate Culture and Employee Wellbeing?", *Journal of Managerial
Psychology*, 2002, 17 (1): 21 – 49.

[52] Daft, R. L., Lengel, R. H., "Management Organizational in
Formation Requirements, Media Rechness and Structural Design",
Management Sciences, 1986, 32 (5): 554 – 571.

[53] Decotiis, T. A., Summers, T. P., "A Path Analysis of a Model
of the Antecedents and Consequences of Organizational Commit-
ment", *Human Relations*, 1987, 40 (7): 445 – 470.

[54] Deluga, R. J., "The Relation between Trust in the Supervisor and
Subordinate Organizational Citizenship – ship Behavior", *Military
Psychology*, 1995 (7): 1 – 16.

[55] Denis, J. L., Lamothe, L., Lanyley, A., "The Dynamics of

Collective Leadership and Strategic Change in Pluralistic Organizations", *Academy of Management Journal*, 2001, 44 (4): 809 – 837.

[56] Dessler, D. , "Organization Theory: Integrating Structure and Behavior", *New Jersey*, NJ: Prentice Hall, 1980.

[57] Dirks, K. T. , "Trust in Leadership and Team Performance: Evidence form NCAA Basketball", *Journal of Applied Psychology*, 2000 (85): 1004 – 1012.

[58] Dirks, K. T. , Ferrin, D. L. , "Trust in Ledership: Meta – analytic Findings an Implictions for Research and Practice", *Journal of Applied Psychology*, 2002 (87): 611 – 628.

[59] Doby, V. J. , Caplan, R. D. , "Organizational Stress as Threat to Reputation: Effects on Anxiety at Work and at Home", *Academy of Management Journal*, 1995 (38): 1105 – 1123.

[60] Douglas, B. C. , "The Causal Order of Job Satisfaction and Organizational Commitment in Models of Employee Turnover", *Human Resource Management Review*, Volume, 1999 (9): 495 – 524.

[61] "Downton, J. V. , *Rebel Leadership*, New York: Free Press, 1973. "

[62] Driscoll, J. W. , "Trust and Participation in Organizational Decision Making as Predictors of Satisfaction", *Academy of Management Journal*, 1978, 21 (1): 44 –56.

[63] Drory, A. , "Perceived Political Climate and Job Attitude", *Organization Studies*, 1993, 14 (11): 59 –71.

[64] Ergan Vigoda – Gadot. , "Leadership Style, Organizational Politics, and Employees Performance", *Personnel Review*, 2007, 36 (5): 661 –683.

[65] Ferris, G. R. , King, T. R. , "Politics in Human Resources Decision: A Walk on Park Side", *Organization Dynamics*, 1991 (20): 59 –71.

[66] Ferris, G. R. , Kacmar, K. M. , "Perceptions of Organizational Politics", *Journal of Management*, 1992, 18 (1): 93 –116.

[67] Ferris, G. R. , Frink, D. D. , Bhawuk, D. P. S. , Zhou, J. , Gilmore, D. C. , "Reactions of Diverse Groups to Politics in the Workplace", *Journal of Management*, 1996, 22 (1): 23 –44.

[68] Ferris, G. R, Fedor, D. B. , Cachere, J. G. , Pondy, L. R. , "Myths and Politics in Organizational Context", *Group and Organization Studies*, 1989 (14): 88 –103.

[69] Fields, D. , Pang, M. , and Chin, C. , "Distributive and Procedural Justice as Predictors of Employee Outcomes in Hongkong", *Journal of Orgnizational Behavior*, 2000, 1 (21): 547 –562.

[70] Folger, R. , Cropanzano, R. , "Organizational Justice and Human Resource Management", *Thousand Oaks*, Calif: Sage, 1998.

[71] Folger, R. , Greenberg, J. , "Procedural Justice: An Interpretative Analysis of Personnel Systems ", Ink. Rowiand, G. Ferris (Eds.). *Research in Personnel and Human Resources Management.* Greenwich, CT: JAI Press, 1985 (3): 141 –183.

[72] Friedman, H. H. , Langbert, M. , "Transformational Leadership: Instituting Revolutionary Change in Your Accounting Firm", *The National Public Accountant*, 2000 (45): 8 –11.

[73] Gambetta, D. , "Can We Trust?", In D. Gambetta (Ed.), *Trust: Making and Breaking Cooperative Relationship*, Oxford, UK: Blackwell, 1998: 213 –237.

[74] Geyer, A. L. , Steyrer, J. M. , "Transformational Leadership and Objective Performance in Bank", *Applied Psychology: An International Review*, 1998 (47): 347 –420.

[75] Heather, K. , Spence Laschinger, Joan Finegan, Judiith Shamian, "The Impact of Workplace Empowerment, Organizational Trust on Staff Nurses ' Work Satisfaction and Organizational Commitment ",

Health Care Management Review/Summer, 2001, 26 (3): 7 – 23.

[76] Hellriegel, D. , Slocum, J. W. , "Organizational Climate: Measure, Research, and Contingencies", *Academy of Management Journal*, 1974 (17): 255 – 280.

[77] Herzberg, F. , Mausner, B. , Snyderman, B. , *The Motivation to Work*, NY: John Wiley Co, 1959.

[78] Hickman, J. S. , "A Comparison of the Relationship of Faulty Perceptions of Organizational Climate to Expressed Job Satisfaction in Bacalaureate Degree Nursing Programs", *Dissertation Abstracts International*, No: AAD8711384, 1987.

[79] Hinshaw, A. S. , Smeltzer, C. H. , Atwood, J. K. , "Innovative Retention Strategies for Nursing Staff", *Journal of Nursing Administration*, 1987, 17 (6): 8 – 16.

[80] Hobman, E. , Jones, E. , Callan, V. , "Uncertainty during Organizational Change: Types, Consequences, and Management Strategies", *Journal of Business and Psychology*, 2004, 18 (4): 507 – 532.

[81] Hodge, B. J. , Johnson, H. J. , *Management and Organizational Behavior: A Mulitidimensional Approach*, NY: John Wiley & Son, 1970: 432 – 433.

[82] Hofstede, G. , Hofstede, G. J. , Minkov, M. (Eds) . , Culture and Organizations: Software of the Mind (3rd ed.): McGraw – Hill, 2010.

[83] Hopkins, S. M. , Weathington, B. L. , "The Relationships between Justice Perceptions, Trust, and Employee Attitudes in a Downsized Organization", *The Journal of Psychology*, 2006, 140 (5): 477 – 498.

[84] Hoppock, R. , *Job Satisfaction*, New York: Happer & Row, 1935.

[85] Hosmer, L. T. , "Trust: The Connecting Link between Orgniza-
tional Theory and Philosophicl Ethics", *Academy of Management
Review*, 1995 (20): 379 – 403.

[86] Hovland, C. I. , Janis, I. L. , Kelley, H. H. , *Communication and
Persuasion*, New Haven, CT: Yale University Press, 1953.

[87] Hui, C. , Lee, C. , "Moderating Effects of Organization – based
Self – esteem on Organizational Uncertainty: Employee Response
Relationships", *Journal of Management*, 2000 (2): 215 –232.

[88] James, L. R. , Mulaik, S. A. , Brett, J. M. , "A Tale of Two
Methods", *Organizational Research Methods*, 2006, 9 (2):
233 –244.

[89] Jeffries, F. L. , Reed, R. , "Trust and Adaptation in Relational
Contracting", *Academy of Management Review*, 2000, 25(4):873 –
882.

[90] Jick, T. D. , *Managing Change*, Boston: Richardd. Irwin, Inc,
1993.

[91] Jones, G. R. , George, J. M. , "The Experience and Evolution of
Trust: Implications for Cooperation and Teamwork", *Academy of
Management Review*, 1998 (23): 531 –546.

[92] Judge, T. A. , Piccolo R. F. , "Transformational and Transaction-
al Leadership: A Meta – analytic Teat of their Relativevalidity",
Journal of Applied Psychology, 2004, 89 (4): 755 –768

[93] Kacmar, K. M. , Carlson, D. , "Further Validation of the Per-
ceptions of Scale (POPS): A Multiple Sample Investigation",
Journal of Management, 1997, 23 (5): 627 –658.

[94] Kacmar, K. M. , Bozeman, D. P. , Carlson, D. S. , Anthong,
W. P. , "An Examination of the Perceptions of Organizational Polit-
ical Model: Replication and Extension", *Human Relation*, 1999,
52 (3): 383 –416.

[95] Kacmar, K. M. , Baron, R. A. , "Organizational Politics: The State of the Field, Links to Related Processes, and an Agenda Future Research", *Research in Personnel and Human Resource Management*, 1999 (17): 1 - 39.

[96] Kanter, M. R. , "Commitment and Social Organization: A Study of Commitment Mechanisms in Utopian Communities", *Americal Sociological Review*, 1968, 33 (3): 499 - 517.

[97] Kanungo, R. N. , "Ethical Value of Transactional and Transformational Leadership", *Revue, Canadienne des Science de I'Administation*, Montreal, Dec 2001, 18 (4): 259 - 266.

[98] Kee, H. W. , Knox, R. E. , "Conceptual and Methodological Considerations in the Study of Trust and Suspicion", *Journal of Conflict Resolution*, 1970 (14): 357 - 366.

[99] Kim, W. C. , Mauborgne, K. , "Effectively Conceiving and Executing Multinational's Worldwide Strategies", *Journal of International Business Studies*, 1993 (24): 419 - 448.

[100] Kirkpatrick, S. A. , Locke, E. A. , "Direct and Indirect Effects of Three Core Charismatic Leadership Components on Performance and Attitude", *Journal of Applied Psychology*, 1996 (1): 36 - 51.

[101] Konovsky, M. A. , Cropanzano, R. , "Perceived Fairness of Employee Drug Testing as A Predictor of Employee Attitudes and Job Performance", *Journal of Applied Psychology*, 1991 (76): 698 - 707.

[102] Konovsky, M. A. , Pugh, S. D. , "Citizenship Behavior and Social Exchange", *Academy of Management Joural*, 1994 (37): 656 - 669.

[103] Kopelman, R. E. , Brief, A. P. , Guzzo, R. A. , *The Role of Climate and Culture in Productivity, Organizational Climate and*

Culture, Edited by Schneider, B., San Francisco: Jossey – Bass, 1990.

[104] Kramer, R. M., Tyler, T. R. (Eds.), *Trust in Organizations: Frontiers of Theory and Research*, Thousand Oaks, CA: Sage, 1996.

[105] Kurt, L., *Field Theory in Social Science*, Harper and Row, New York, 1951.

[106] Lam, S. S. K., Schaubroeck, J., Argee, S., "Relatonship between Organizational Justice and Employee Work Outcome: A Cross – national Study", *Journal of Organizational Behavior*, 2002 (23): 1 – 18.

[107] Lamasa, A. M., Savolainen, T., "The Nature of Managerial Commitment to Strategic Change", *Leadership and Organization Development Journal*, 2000, 21 (6).

[108] Leavitt, H. J., "Organization Change in Industry", in W. Cooper, H. J. Leavitt, M. W. Shelly (2eds.), *New Perspectives in Organization Research*, New York: Wiley, 1964.

[109] Leventhal, G. S., Karuza, J., Fry, W. R., "Beyond Fairness: A Theory of Allocation Preferences", In G. Mikula (Ed.), *Justice and Social Interaction*: 167 – 218, New York: Springer Verlag, 1980.

[110] Lewicki, R. J, Bunker, B. B., "Developing and Maintaining Trust in Work Relationships", In K. M. Kramer, T. R. Tyler (Eds.), *Trust in Organizations: Frontiers of Theory and Research*, Thousand OaXs, Ca: Sage, 1996: 114 – 139.

[111] Lewin, K., *Principles of Topological Psychology*, McGraw – Hill, New York, 1936.

[112] Litwin, G. G., Stringer, R. A., *Motivation and Organizational Climate*, Boston: Harvard University Press, 1968.

[113] Lo, Yen – Fen, *The Perceived Impact of Organizational Layoff on Organizational Morale: Study of a Taiwanese Company ProQuest Dissertatious and Theses*, 2004, DAI – A 64/09: 3370.

[114] Locke, E. A. , "The Nature and Causes of Job Diagnostic Survey", In M. D. Dunnette, *Handbook of Industrial and Organizational Psychology*, 1976: 1319 – 1328.

[115] Luhmann, N. , *Trust and Power*, New York: Wiley, 1979.

[116] Luthans, F. H. , McCall, G. N. , Dodd, N. G. , "Organizational Commitment: A Comparison of American, Japanese, and Korean Employee", *Academy of Management Journal*, 1985, 61 (8): 36 – 54.

[117] MacKenzie, S. B. , Podsakoif, P. M. , Rich, G. A. , "Transformational and Transactional Leadership and Salesperson Performance", *Academy of Marketing Science Journal.* Greenvale: Spring 2001, 29 (2): 115 – 135.

[118] Madison, D. L. , Allen, R. W. , Porter, L. W. , Renwick, P. A. , Mayes, B. T. , "Organizational Politics: An Exploration of Manager's Perceptions", *Human Relations*, 1980, 33 (2): 79 – 100.

[119] Malhotra, D. , Murnighan, J. K. , "The Effects of Contracts on Interpersonal Trust", *Administrative Science Quarterly*, 2003 (47): 534 – 559.

[120] Marsh, R. M. , Mannari, H. , "Organizational Commitment and Turnover: A Predictive Study", *Administrative Science Quarterly*, 1977 (22): 57 – 75.

[121] Mason, E. S. , "Gender Differences in Job Satisfaction", *The Journal Social Psychology*, 1995, 135 (2): 143 – 151.

[122] Maureen, L. , Ambrose, Marshall, S. , "Organization Structure as a Moderator of the Relationship between Procedural Jus-

tice, Interactional Justice, Perceived Organizational Support, and Supervisory Trust", *Journal of Applied Psychology*, 2003, 88 (2): 295 - 305.

[123] Mayer, R. C., Davis, J. H., Schoorman, E. D., "An Integrative Model of Organizational Trust", *Academy of Management Review*, 1995, 20 (3): 709 - 734.

[124] Mayes, B. T., Allen, R. W., "Toward a Definition of Organizational Politics", *Academy of Management Review*, 1977, 2 (4): 672 - 678.

[125] McAllister, D. J., "Affect and Cognition - based Trust as Foundations for Interpersonal Cooperation in Organization", *Academy of Management Journal*, 1995, 23 (3): 24 - 59.

[126] McCauley, D. P., Kuhnert, K. W., "A Theoretical Review and Empirical Investigation of Employee Trust in Management", *Public Adminstration*, 1992, 16 (2): 265 - 283.

[127] McCormick, E. J., Tiffin, J., *Industrial Psychology*, New Jersey: Prentice - Hill, Inc, 1974.

[128] Medley, F., Larochelle, D. R., "Transformational Leadership and Job Sarisfaction", *Nursing Management*, 1995, 26 (9): 64 - 77.

[129] Meyer, J. P., Allen, N. J., *Commitment in the Workplace: Theory, Research and Application*, Thousand Oaks, CA: Sge, 1997.

[130] Meyer, J. P., Stanley, D. J., "Topolnytski. Affective, Continuance and Normative Commitment to the Organization: A Meta - analysis of Antecedents, Correlates, and Consequence", *Journal of Vocational Behavior*, 2002, 61 (1): 25 - 52.

[131] Meyer, J. P., Allen, N. J., "A Longitudinal Analysis of the Early Development and Consequences of Organization Commitment", *Canadian Journal of Behavior Science*, 1987, 19 (2):

199 – 215.

[132] Michael, S. K. , *Techniques of Organizational Change*, New York: McGraw – Hill Book Co, 1982.

[133] Miller, H. E. , Katerberg, R. , "Evalation of the Mobley, Horner and Hollingsworth Model of Employee Turnover", *Journal of Applied Psychology*, 1979 (5): 509 – 517.

[134] Mishra, A. K. , Spreitzer, G. M. , "Explaining How Survivors Respond to Downsizing: The Roles of Trust, Empowerment, Justice and Work Redesign", *Academy of Management Review*, 1998 (23): 567 – 588.

[135] Mobley, W. H. , Griffeth, R. W. , Hand, H. H. , Meglino, "Review and Conceptual Anlysis of the Employee Turnover Process", *Psychological Bulletin*, 1979 (86): 493 – 522.

[136] Mobley, W. H. , Horner, S. O. , Hollingsworth, A. T. , "An Evaluation of Precursors of Hospital Employee Turnover", *Journal of Applied Psychology*, 1978, 63 (4): 408 – 414.

[137] Mobley, W. H. , "Intermediate Linkage in the Relationship between Job Satisfaction and Employee Turnover", *Journal of Applied Psychology*, 1977, 62 (2): 237 – 240.

[138] Mollering, G. , Bachmann, R. , Lee, S. H. , "Understanding Organizational Trust – foundations, Constellations, and Issues of Operationalisation", *Journal of Managerial Psychology*, 2004, 19 (6): 556 – 570.

[139] Moorman, R. H. , Blakely, G. L. , Niehoff, B. P. , "Does Perceived Organizational Support Mediate the Relationship between Procedural Justice and Organizational Citizenship Behavior?", *Academy of Management Journal*, 1998 (41): 351 – 357.

[140] Morris, J. H. , Sherman, J. D. , "Generalizability of an Organizational Commitment Mode", *Academy of Management Journal*,

1981 (24): 512 - 526.

[141] Morrow, P. C. , "Concept Redundanny in Organizational Research: The Case of Work Commitment", *Academy Management Review*, 1983, 8 (2): 486 - 500.

[142] Mowday, R. T. , Porter, L. W. , Steers, R. M. , *Employee - organization Linkages: The Psychology of Commitment, Absenteeism and Turnover*, Academic Press, New York, 1982.

[143] Murphy, S. M. , "Organizational Justice: An Examination of Antecedents and Consequences", *ProQuest Information & Learning*, 1998.

[144] Neal, M. A. , Griffin, P. , Hart, M. , "The Impact of Organizational Climate on Safety Climate and Individual Behavior", *Safety Science*, 2000 (34): 99 - 109.

[145] Ngo, H. Y. , Wong, C. S. , "Antecedents and Outcomes of Employee' Trust in Chinese Joint Ventures", *Asia Pacific Journal of Management*, 2003 (20): 481 - 499.

[146] Niehoff, B. P. , Moorman, R. H. , "Justice as a Mediator of Relationship between Methods of Monitoring and Organizational Citizenship Behavior", *Academy of Management Journal*, 1993 (36): 527 - 556.

[147] Nunally, J. C. , *Psychometric Theory* (2nd), New York, NY: McGraw—hill, Inc, 1978.

[148] Nye, L. G. , Witt, L. A. , "Dimensionality and Construct Validity of the Perceptions Organizational Politics Scale (POPS)", *Educational & Psychological Measurement*, 1993, 53 (3): 821 - 829.

[149] Nyhan, R. C. , Marlowe , H. A. , "The Psychometric Properties of the Organizational Trust Inventory", *Evaluation Review*, 1997 (21): 614 - 635.

[150] Nyhan, R. C. , "Increasing Affective Organizational Commitment in Public Organization", *Review of Public Personnel Administration*, 1999, 19 (3): 59 – 70.

[151] Nyhan, R. C. , "Changing the Paradigm: Trust and Its Role in Public Sector Organizations", *American Review of Public Administration*, 2000, 30 (1): 87 – 109.

[152] Olsen, D. , "Work Satisfaction and Stress in the First and Third Year of Academic Appointment", *Journal of High Education*, 1993 (64): 453 – 471.

[153] Owens, R. , *Organizational Behavior in Education*, (3rd. ed) Englewood Cliffs, New Jersey: Prentice – Hall, 1987.

[154] Parnell, J. A. , Crandall, W. R. , "Propersity for Participative Decision – making, Job Satisfaction, Organizational Commitment, Organizational Citizenship Behabior, and Intentions to Leave among Egyptian Managers", *Multinational Business Review*, 2003, 11 (1): 45.

[155] Parry, K. W. , Sarah, B. , Thomson, P. , "Perceived Integrity of Transformational Leaders in Organizational Settings", *Journal of Business Ethics*, Dordrecht, Jan. 2002, 35 (2): 75 – 96.

[156] Pearce, J. L. , Bigley, G. A. , Branyiczki, I. , "Procedural Justice as Modernism: Placing Industrial/Organizational Psychology in Context", *Applied Psychology: A International Review*, 1998 (47): 371 – 396.

[157] Peter, T. J. , Waterman, R. H. , Jr. , *In Search of Excellence: Lessons Form American's Best – run Companies*, New York: Harper & Row, 1982.

[158] Piccolo, R. F. , Colquitt, J. A. , "Transformational Leadership and Job Behaviors: The Mediating Role of Core Job Characteristics", *Academy of Management Journal*, 2006, 49 (2): 327 – 340.

[159] Pillai, R. , Schriesheim, C. A. , Williams, E. S. , "Firness Perceptions and Trusts as Mediators for Transformational and Transactional Leadership: A Two – sample Study", *Journal of Management*, 1999 (25): 897 – 933.

[160] Podsakoff, P. M. , Mackenzie, S. B. , Bommer, W. H. , "Transformational Leadership Behaviors and Substitutes for Leadership as Determinants of Employee Satisfaction, Commitment, Trust, and Organizational Citizenship Behaviors", *Journal of Management*, 1996 (22): 198 – 259.

[161] Podsakoff, P. M. , MacKenzie, S. B. , Moorman, R. H. , Etter, R. , "Transformational Leader Behaviors and their Effects on Followers'Trust in Leader, Satisfaction, and Organizational Citizenship Behavior", *Leadership Quarterly*, 1990 (1): 107 – 142.

[162] Poon, J. M. L. , "Situational Antecedents and Outcomes of Organizational Politics Perceptions", *Journal of Managerial Psychology*, 2003, 18 (1/2): 138 – 155.

[163] Porras, J. I. and Robertson, P. J. , "Organization Development: Theory, Practice, and Research", In: M. D. Dunnetteand and L. M. Hough (Eds), *The Handbook of Industrial and Organizational Psychology*, 1983 (3): 719 – 822 (Palo Alto. CA: Consulting Psychologists Press).

[164] Porter, L. W. , Lawler, E. E. , *Managerial Attitude & Performance Home – Wood Illinos*: Dorsey Press, 1968.

[165] Porter, L. W. , Steers, R. M. , Mowday, R. T. , Boulian, P. V. , "Orgnization Commitment, Job Satisfaction, and Turnover among Psychiatric Technicians", *Journal of Applied Psychology*, 1974 (59): 603 – 609.

[166] Porter, L. W. , Mowday, R. T. , Steers, R. M. , "The Measure of Organizational Commitment", *Journal of Vocational Behav-*

ior, 1979 (14): 224 – 247.

[167] Price, J. L., Mueller, C. W., *Professional Turnover: The Case for Nurses*, Lowa State University Press, 1981.

[168] Price, J. L., *The Study of Turnover Ames*, Iowa State University Press, 1977.

[169] Pritchard, R. D., Karasick, B. W., "The Effect of Organizational Climate on Managerial Job Performance and Job Satisfaction", *Organization Behavior and Human Performance*, 1973 (6): 126 – 146.

[170] Rahim, M. A., "Measurement of Organizational Conflict", *Journal of General Psychology*, 1983 (109): 189 – 199.

[171] Reyes, P., Madsen, J., Tylor, B., "Do Career Ladders Enhance Teacher Commitment, Job Satisfacrion, or Morale?", *National Association of Secondary School Principals*, NASSP Bullerin, Reston, 1990, 74 (526): 118 – 138.

[172] Robbins, S. P., *Organizational Behavior*, 9th Edition, Prentice – Hall, New Jersey, 2001.

[173] Robbins, S. P., *Organizational Behavior: Concepts, Controversies, Applications.* (8th ed.), New Jersey: Prentice Hall, Inc, 1998.

[174] Robbins, S. P., *Organizational Theory: Structure, Design and Applications* (5th ed.), Englewood Cliffs, NJ: Prentice Hall, 1990: 51.

[175] Robbins, S. R., *Orgnizational Behavior*, N. J. Prentice – Hall, Inc, 2003.

[176] Robert, D. C., Selim, S. T., Jason, J. B., "A Multi – Dimensional Study of Trust in Organizations", *Journal of Managerial Tssue*, 1998 (10): 303 – 317.

[177] Roberts, K., O'Reilly, C., "Measuring Organizational Commu-

nication", *Journal of Applied Psychology*, 1974 (59): 321 –336.

[178] Robinson, L. , "Trust and Breach of the Psychological Contract", *Administrative Science Quarterly*, 1996 (41): 574 – 599.

[179] Rousseau, D. M. Sitkin, S. B. , Burt, R. S. , Camerer, C. , "Not so Different After all: A Cross – discipline View of Trust", *Academy of Management Review*, 1998, 23 (3): 393 –404.

[180] Rusbult, C. E. , Farrell, D. A. , "Longitudinal Test of the Investment Model: The Impact on Job Satisfaction, Job Commitment, and Turnover of Variations in Rewards, Costs, Alternatives, and Investments", *Journal of Applied Psychology*, 1983, 68 (3): 429 –438.

[181] Salancik, G. R. , *New Directions in Organizational Behavior*, St. Clair Press, Chicago, 1977.

[182] Sally, D. , John, D. , Charlotte, G. , " Collaborative Research Progammes: Building Trust from Difference", *Technovation*, 1999 (19): 31 –40.

[183] Schneider, B. , Hall, D. T. , "Toward Specifying the Concept of Work, Climate: A Study of Roman Catholic Diocesan Priests", *Journal of Applied Psychology*, 1972 (36): 19 –39.

[184] Seashore, S. E. , Taber, T. D. , "Job Satisfaction and Their Correlation", *American Behavior & Science*, 1975 (18): 333 –368.

[185] Sergiovanni, T. J. , *Value – Added Leadership: How to Get Extraordinary Result in Schools*, NY: Harcourt Brace Jovanovich, 1990.

[186] Sheldon, E. M. , "Investment and Involvement as Mechnisms Producing Commitment to the Organization", *Administrative Science Quality*, 1971, 16 (2): 143 –150.

[187] Silver, P. F. , *Educational Administration: Theoretical Perspec*

tives on Practice and Research, New York: Harper and Row, 1983.

[188] Simonin, B. L. , "Ambiguity and Process of Knowledge Transfer in Strategic Alliances", *Strategic Management Journal*, 1999 (20): 595 – 623.

[189] Skarlicki, D. P. , "Increasing Citizenship between within a Public and a Private Sector Union: A Test of Organizational Justice Theory", *Dissertation Abstracts International*, 1995, 56 (12): 4855A (UMINO. 02852).

[190] Smith, P. C. , Kendall, L. M. , Hulin, C. L. , *The Measurement of Satisfaction in Work and Retirement*, Chicago: Rand McNally, 1969.

[191] Steers, R. M. , "Antecedents and Outcome of Organizational Commitment", *Administrative Science Quarterly*, 1977: 22.

[192] Stevens, J. M. , Beyer, J. M. , Frice, H. M. , "Assessing Personal, Role, and Organizational Predictors of Managerial Commitment", *Academy of Management Journal*, 1978 (21): 380 – 396.

[193] Tagiuri, R. , Litwin, G. H. , *Organizational Climate: Exploration of a Concept*, Boston: Harvard University, 1968.

[194] Tam, W. W. , *An Assessment of the Relationships among Organizational Trust, Organizational Politic , and Organizational Justice, and their Effects on Merit Pay Outcomes in the Malaysian Public Sector*, Unpublished Doctoral Dissertation, The Pennsylvania Sate University, 1998.

[195] Tan, H. , Tan, C. S. F. , "Toward the Differentiation of Trust in Supervisor and Trust in Organization", *Genetic, Social, and General Psychology Monographs*, 2000, 126 (2): 241 – 260.

[196] Thatcher, J. B. , Liu, Y. , Stepina, L. P. Goodman, J. M and

Treadway, D. C. , "IT Worker Turnover: An Empirical Exami-
nation of Intrinsic Motivation", *Database for Advances in Informa-
tion Systems*, 2006 (37): 133 – 146.

[197] Thibaut, J. Walker, L. , Lind, E. A. , "Adversary Presenta-
tion and Bias in Legal Decisionmaking", *Harvard Law Review*,
1972, 38 (2): 386.

[198] Thibaut, J. , Walker, L. , "Prcedure Justice: A Psychological
Analysis", *Lawrence Erlbaum Associates*, Hillsdale, N. J. 1975.

[199] Thomas, K. M. , "Role of Causal Attributions in Dynamic Self –
regulation and Goal Processes", *Journal of Applied Psychology*,
1994 (79): 323 – 331.

[200] Tichy, N. M. , Devanna, M. A. , *The Transformational Leader-
ship*, NY: John Wiley & Sons, 1986.

[201] Tyler, T. R. , Bies, R. S. , "Beyond Formal Procedures: The
Interpersonal Context of Procedural Justice", In J. S. Carroll
(Ed.), *Applied Social Psychology and Organizational Settings
Hillsdale*, NJ, Erlbaum, 1990: 77 – 98.

[202] Tyler, T. R. , Degory, P. , Smith, H. , "Understanding why
the Justice of Group Procedures Matters: A Test of the Psychologi-
cal Dynamics of the Group – value Model", *Journal of Personality
and Social Psychology*, 1996, 70 (5): 913 – 920.

[203] Valle, M. , Perrewo, L. P. , "Do Politics Perceptions Relate to
Political Behaviors? Test of an Implicit Assumption and Expand
Model", *Human Relations*, 2000, 53 (3): 59 – 386.

[204] Vroom, V. H. , *Work and Motivation*, New York: John Wiley &
Sons Inc, 1964: 99.

[205] Walumbwa, F. O. , Orwa, B. , Wang, P. , Lawler, J. J. ,
"Transformational Leadership, Organizational Commitment, and
Job Satisfaction: A Comparative Study of Kenyan and U. S. Fi-

nancial Firms", *Human Resource Development Quarterly*, 2005 (16): 235 – 256.

[206] Wayne, J., Shore, M., Liden, C., "Perceived Organizational Support and Leader – member Exchange: A Social Exchange Perspective", *Acadeny of Management Journal*, 1997 (1): 82 – 111.

[207] Weaver, G. R., Trevino, L. K., Agle, B., "Somebody I Look Up To": Ethical Role Models in Organizations", *Organization Dynamics*, 2005, 34 (4): 313 – 330.

[208] Whitener, E. M., Brodt, S. E., Korsgaard, M. A., Werner, M. A., "Managers as Initlators of Trust: An Exchange Relationship Framework for Understanding Managerial Trustworthy Behavior", *Academy of Management Review*, 1998, 23 (3): 513 – 530.

[209] Williams, L. J., Hazer, J. T., "Antecedents and Consequences of Satisfaction and Commitment in Turnover Models: A Reanalysis Using Latent Variable Structural Equation Methods", *Journal of Applied Psychology*, 1986 (71): 219 – 231.

[210] Williams, L. J., Anderson, S. E., "Job Satisfaction and Organizational Commitment as Predictors of Organizational Citizenship and In – role Behavior", *Journal of Management*, 1991 (17): 601 – 617.

[211] Wilson, P. A., "The Effect of Politics and Power on the Organization Commitment of Federal Executive", *Journal of Management*, 1995, 21 (1): 101 – 108.

[212] Witt, L. A., Andrews, M. C., Kacmar, K. M., "The Role of Participation in Decision – Making in the Organizational Politics – Job Satisfaction Relationship", *Human Relation*, 2000, 53 (3): 341 – 358.

[213] Yammarino, F. J., Dubinsky, A. J., "Transformational Leadership Theory: Using Levels of Anlysis to Determine Boundary Conditions", *Personnel Psychology*, 1994（47）：787-811.

[214] Yuki, G. A., "Leadership in Organization", *Englewood Cliffs*, NJ: Prentice-Hall, 1994.

[215] Zaheer, A., McEvily, B., Perrone, V., "Does Trust Matter? Exploring the Effects of Interorganizational and Interpersonal Trust on Performnce", *Organization Science*, 1998a（9）：141-159.

[216] Zaheer, A., McEvily, B., Perrone, V., "The Strategic Value of Busyer-supplier Relationships", *International Journal of Purchasing and Materials Management*, 1998b, 34（3）：20-26.

[217] Zand, D. E., "Trust and Managerial Problem Solving", *Administrative Science Quarterly*, 1972, 17（2）：229-239.

[218] Zhou, J., Ferris, G. R., "The Dimensions and Consequences of Organizational Politics: A Confirmatory Analysis", *Journal of Applied Social Psychology*, 1995, 25（19）：1747-1764.

[219] 张维迎：《信息、信任与法律》，生活·读书·新知三联书店2006年版。

[220] Sprenger, R.：《"信任"欧洲首席管理大师谈优化企业管理》，当代中国出版社2004年版。

[221] 王婷玉：《团队成员间价值观契合与个人效能：人际信任的中介效果》，硕士学位论文，"国立"台湾大学心理学研究所，2003年。

[222] 祁顺生、贺宏卿：《组织内信任的影响因素》，《心理科学进展》2006年第6期。

[223] 蔡翔：《员工—企业之间的纵向信任及其影响因素研究》，经济管理出版社2007年版。

[224] 林钲琴：《休闲旅馆业从业人员的组织公正、组织信任与组

织公民行为关系：社会交换行为分析》，《中华管理学报》
2004 年第 1 期。

[225] 郭维哲、方聪方：《学校组织公平对教师组织公民行为影响
之研究——以信任和承诺为中间变项》，《台南大学教育经营
与管理主办之第四届台湾博士生教育行政学术论文研讨会论
文集》，台南市，2005 年。

[226] 席酉民、杜永怡、刘晖：《组织成员对组织信任的影响因素
及其作用关系研究》，《经济管理》2004 年第 18 期。

[227] 周三多：《管理学》，高等教育出版社 2000 年版。

[228] Heywood, A. ：《政治学》（第二版）张立鹏译，中国人民大
学出版社 2006 年。

[229] 李衍新：《员工组织政治知觉、组织承诺与组织公民行为关
系之研究——以台湾电力公司台南区营业处为例》，硕士学
位论文，台湾"国立"成功大学企业管理研究所，2003 年。

[230] 胡其安：《组织政治气候与员工工作态度关系之研究——以
信任为干扰变项》，硕士学位论文，台湾铭传大学管理科学
研究所，1999 年。

[231] 谢哲豪：《组织政治知觉、信任与知识分享之研究》，硕士学
位论文，台湾"国立"中山大学人力资源管理研究所，
2006 年。

[232] 李超平、时勘：《分配公平与程序公平对工作倦怠的影响》，
《心理学报》2003 年第 5 期。

[233] 周茉：《国有企业知识型员工组织公平、组织承诺对离职倾
向的关系研究：感知外在工作机会作为调节变量》，硕士学
位论文，华东理工大学，2014 年。

[234] 周浩、龙立荣：《家长式领导与组织公平的关系》，《心理学
报》2007 年第 5 期。

[235] 王庆娟、崔勋：《组织公平的跨文化研究：方法、现状与思
路》，《河南师范大学学报》（哲学社会科学版）2012 年第

4 期。

[236] 刘宁、于婷、戴娟：《薪酬保密对于组织公平感的倒 U 型影响——人际竞争性的调节作用》，《华南师范大学学报》（社会科学版）2017 年第 2 期。

[237] 刘彧彧、丁国林、严肃：《沟通开放氛围下领导——成员交换和组织公平感的关系研究》，《管理学报》2010 年第 12 期。

[238] 吕强：《组织公平对员工创新行为的影响机制研究》，硕士学位论文，西南交通大学，2015 年。

[239] 申晓红：《新生代员工组织公平感与反生产行为的关系研究》，硕士学位论文，中国矿业大学，2014 年。

[240] 李锡元、梁果、付珍：《伦理型领导、组织公平和沉默行为——传统性的调节作用》，《武汉大学学报》（哲学社会科学版）2014 年第 1 期。

[241] 栾春燕：《组织变革对员工绩效影响研究》，硕士学位论文，杭州电子科技大学，2012 年。

[242] 叶景祥：《产业环境、组织变革、信任、工作满足与组织绩效关联性之研究——以银行业为例》，硕士学位论文，台湾"国立"成功大学，2008 年。

[243] 赵跃：《组织变革与组织绩效关系的研究——基于 HZ 医院的案例》，硕士学位论文，广东商学院，2010 年。

[244] 林营松：《组织承诺及其影响因素对组织后果之研究——以楠梓加工区员工为例台》，硕士学位论文，台湾"国立"中山大学企业管理研究所，1993 年。

[245] 吴志男：《组织文化、组织气候与组织公民行为之研究》，硕士学位论文，私立中原大学，2004 年。

[246] 徐妙文：《组织气候对员工建言行为的影响：以个人—组织契合为中介》，硕士学位论文，贵州大学，2016 年。

[247] 崔益艳：《组织气候、员工情绪智力与员工沉默行为研究》，

硕士学位论文，南京师范大学，2013 年。

[248] 李吉立：《组织气候、奖励制度、领导型态与工作绩效之关系——以海运承揽运送业为例》，硕士学位论文，"国立"台湾海洋大学，2010 年。

[249] 陈秋燕：《青少年足球选手组织气候、团队士气与团队绩效之相关研究》，硕士学位论文，"国立"台湾大学（台中）休闲运动管理研究所，2010 年。

[250] 刘朝、张欢、王赛君、马超群：《领导风格、情绪劳动与组织公民行为的关系研究——基于服务型企业的调查数据》，《中国软科学》2014 年第 3 期。

[251] 段锦云、黄彩云：《变革型领导对员工建言的影响机制再探：自我决定的视角》，《南开管理评论》2014 年第 4 期。

[252] 高群、吴真玮、董凌峰：《变革型领导、组织承诺与员工主动行为：自我效能的调节作用》，《南昌航空大学学报》（社会科学版）2016 年第 4 期。

[253] 柯惠玲：《工作满足、工作绩效与离职倾向之关系研究》，硕士学位论文，台湾"国立"政治大学企业管理研究所，1989 年。

[254] 张建人、沈飘、朱阿敏、凌辉：《社区工作人员工作价值观、工作满意度与工作绩效的关系》，《中国临床心理学杂志》2017 年第 1 期。

[255] 凌文辁、张治灿、方俐洛：《影响组织承诺的因素探讨》，《心理学报》2001 年第 3 期。

[256] 林证琴：《组织承诺、工作满意度与组织公民行为之研究：各种不同理论模型之比较》，《中山管理评论》1999 年第 4 期。

[257] 候堂柱：《变革型领导、组织承诺与组织公民行为之关系——以台湾电子业为例》，硕士学位论文，台湾"国立"中山大学人力资源管理研究所，1991 年。

[258] 凌文辁、杨海军、方俐洛：《企业员工的组织支持感》，《心理学报》2006 年第 2 期。

[259] 郑晓涛、石金涛、郑兴山：《员工组织内信任对其工作态度的影响》，《管理评论》2008 年第 11 期。

[260] 李志辉、罗平：《SPSS for Windows 统计分析教程》（第二版），电子工业出版社 2005 年版。

[261] 凌文辁、方俐洛：《心理与行为测量》，机械工业出版社 2003 年版。

[262] 李怀祖：《管理研究方法》，西安交通大学出版社 2005 年版。

[263] 卢纹岱：《SPSS for Windows 统计分析教程》（第二版），电子工业出版社 2002 年版。

[264] 邱皓政、林碧芳：《结构方程模型的原理与应用》，中国轻工出版社 2009 年版。

[265] 候杰泰、温忠麟、成子娟：《结构方程模型及其应用》，教育科学出版社 2004 年版。

[266] 马庆国：《管理统计：数据获取、统计原理、SPSS 工具和应用研究》，科学出版社 2002 年版。

[267] 贾良定、陈永霞、宋继文、李超平、张君君：《变革型领导、员工的组织信任与组织承诺——中国情境下企业管理者的实证研究》，《东南大学学报》（哲学社会科学版）2006 年第 6 期。

[268] 蓝明龙：《工作价值观、组织气候对新人类的工作满足感与工作表现之关系研究——以民营银行为例》，硕士学位论文，台湾大叶工学院事业经营研究所，1997 年。

[269] 黄芳铭：《结构方程模式理论与应用》，中国税务出版社 2005 年版。

[270] 吴定：《组织发展：理论与技术》，台北天一图书公司 1996 年版。

[271] 蔡秀涓：《公务人员组织信任模型之建构：以台北市政府为

例》,《人文及社会科学季刊》1993 年第 6 期。

[272] 吴惠钧:《领导行为、组织公平、信任、组织承诺与组织公民行为关系的研究——以国际观光旅馆员工为例》,硕士学位论文,台湾"国立"嘉义大学休闲事业管理所,2006 年。

[273] 贺邵兵、周箴:《领导行为对员工组织政治知觉、组织承诺的影响》,《科学管理研究》2008 年第 4 期。

[274] 施妤璇:《变革型领导、交易型领导对工作绩效与离职倾向之研究——以组织承诺为中介变量》,硕士学位论文,台湾"国立"中央大学人力资源管理研究所,2006 年。

[275] 陈致中、张德:《中国背景下变革型领导、组织承诺与离职意向关系研究》,《当代经济科学》2010 年第 1 期。

[276] 蒋春燕:《员工公平感与组织承诺和离职倾向之间的关系:组织支持感中介作用的实证研究》,《经济科学》2007 年第 6 期。

[277] 李钰卿、张小林:《知识型员工薪酬公平、组织承诺和离职倾向间的关系》,《软科学》2008 年第 8 期。

[278] 黎士群:《组织公平、信任与知识分享行为之研究——以Unix 系统管理人员为例》,硕士学位论文,台湾铭传大学管理科学研究所,1999 年。

[279] 林千惠:《组织内部信任对组织公民行为与工作满足影响之研究》,硕士学位论文,台湾崑山科技大学企业管理研究所,2006 年。

[280] 韩念嘉:《信任、授权与员工工作满意度之研究》,硕士学位论文,台湾"国立"中山大学企业管理学系,2007 年。

[281] 于海波、方俐洛、凌文辁、郑晓明:《组织信任对员工态度和离职意向、组织财务绩效的影响》,《心理学报》2007 年第 2 期。

[282] 赵慧君、王君:《员工组织公正感、组织信任和离职意愿的关系》,《经济管理》2008 年第 19—20 期。

[283] 曹采华：《员工特征对工作满意度、组织承诺、组织公民行为、工作绩效的影响——以派遣人员为例》，硕士学位论文，台湾"中央"大学人力资源管理研究所，2002年。

[284] 黄忠孝：《组织承诺与工作满意关系之研究——以传统产业为例》，硕士学位论文，台湾长荣大学经营管理研究所，2007年。